KB268829

블라블라

스페인어

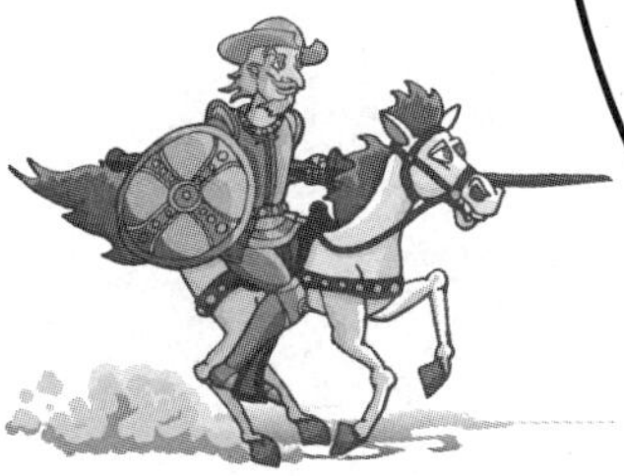

| 박은주(Yuri Park) 지음 |

저 자   박은주 (Yuri, Park)

〈약 력〉

한국외국어대학교 스페인어과를 졸업하고 동 대학원에서 스페인어 교육학 석사 학위를 취득하였다. 멕시코에서는 5년간 통역사로 근무하였으며, 스페인에서는 International House의 스페인어 교사 양성과정을 수료하였다. 2008년 이후 청문 어학원, 파고다 어학원, 문화관광부, 방위사업청, 현대 그룹 등에서 강의하였고, 현재는 종로 파고다 학원에서 스페인어를 강의하고 있다. 저서로는 "한 권으로 끝내는 스페인어 탑되기"가 있다.

〈녹 음〉   Sergi Giménez Palomo
            Verónica López Medina

〈삽 화〉   박단비

초판 인쇄	2014년 7월 20일
초판 발행	2014년 7월 25일
지은이	박은주
발행인	서덕일
펴낸곳	도서출판 문예림
주소	서울 광진구 능동로 29길 6 문예하우스 101호
전화	(02)499-1281~2
팩스	(02)499-1283
홈페이지	http://www.bookmoon.co.kr
Email	book1281@hanmail.net
출판등록	1962년 7월 12일 제 2-110호
ISBN	978-89-7482-805-9 (13790)

머리말

최근 매스컴에서 가우디 투어가 각광을 받고 산티아고 순례자의 길이 인기 여행 상품으로 떠오르면서 스페인이라는 나라에 대해서 많이들 궁금해 하고 있으며, 스페인어 학습자들에게는 더더욱 열기와 동기를 북돋우고 있습니다. 스페인은 타 유럽 국가들과는 달리 영어 소통이 원활하지 않기에 여행을 할 때 많은 불편함을 느낄 수 있으나, 그들의 친근하고 친밀도가 높은 국민성으로 말미암아 스페인어를 조금이라도 사용함으로써 여행의 재미는 배가 됨을 많은 여행객들과 유학생들은 이미 경험했을 것입니다. 또한 중남미 대륙 시장을 대상으로 비지니스를 하는 많은 기업인들 역시 스페인어 구사의 필요성을 절감할 수 있을 것입니다.

수 년간 스페인어 교육에 몸담아 오면서 학생들의 스페인어 학습의 애로사항과 문제점들을 이해하게 되었고, 조금이나마 학습의 어려움을 들어주고자 이 책을 출간하게 되었습니다. 스페인어를 배우는 학습자들에게서 공통적으로 발견되는 어려움은 다양한 동사변화, 성.수 변화 등의 문법, 빠른 속도의 스페인어 청취능력 그리고 동사활용을 통한 회화학습 등입니다.

따라서 본 교재는 스페인어 기초 문법을 공부한 후 청취와 회화 학습을 목표로 하는 학생들을 위해 쓰여졌습니다. 총 17과로 이루어져 있으며, 각 과의 Vocabulario y gramática(어휘와 문법) 파트에서 간단한 기초 어휘와 문법 설명을 하고, Actividades(연습) 파트에서 청취와 회화 연습을 위한 연습 문제들을 제시하였으며, 각 과마다 Nota cultural(문화메모) 파트에서는 간단한 스페인의 관습과 문화 및 스페인어 노래를 배워보는 것으로 구성했습니다. 스페인어권에서 각각 다른 상황별 기초회화가 가능하도록 다양한 대화문을 포함하여 알차게 구성하도록 노력하였습니다.

모든 언어학습의 궁극적인 목적은 "의사소통"임을 염두해 두고, 그동한 배운 다양한 실용 회화 표현들을 듣고 말해보는 훈련을 끊임없이 해야만 스페인어의 높은 장벽을 넘을 수 있습니다. 이 책이 여러분들의 스페인어 향상에 조금이나마 도움이 된다면 저의 기쁨 또한 더할 나위 없겠습니다.

끝으로 제가 스페인어에 대한 열정을 잃지 않고 열심히 강의할 수 있고 책을 계속 집필할 수 있게 사랑과 지원을 아끼지 않는 저의 사랑하는 가족들, 항상 저와 함께 즐겁게 공부하는 학생 여러분들 그리고 마지막으로 이 책의 출간에 도움을 주신 모든 분들께 진심어린 감사의 말씀 전합니다.

2014년 7월

박 은 주

차 례

머리말 3

Capítulo 1 7
Saludos y despedidas (인사하기) 7

Capítulo 2 17
Presentación personal (자기소개) 17
Presentar a la familia (가족소개) 17

Capítulo 3 33
El carácter (성격) 33
El estado de ánimo (상태) 33

Capítulo 4 45
Descibir a los compañeros (외모묘사) 45

Capítulo 5 57
La hora / la fecha (시간 / 날짜) 57
El horario del día a día (일상 생활 스케줄) 57

Capítulo 6 75
En el restaurante (레스토랑에서) 75
Las aficiones y el tiempo libre (취미생활과 여가생활) 75
En el tren (기차역에서) 75

Capítulo 7 91
Preguntar el camino (길 묻기) 91
El barrio donde yo vivo (내가 사는 동네) 91

Capítulo 8 99
La casa donde yo vivo (내가 사는 집) 99

Capítulo 9 ·· 109
En el hospital (병원에서) ··· 109

Capítulo 10 ··· 117
De compras (쇼핑) ··· 117

Capítulo 11 ··· 131
El tiempo (날씨) ·· 131
Las llamadas telefónicas (전화통화) ························· 131

Capítulo 12 ··· 141
Los planes (미래 계획 세우기) ································· 141

Capítulo 13 ··· 149
Las actividades que he hecho hoy (오늘 한 일) ··········· 149
Las actividades que he hecho este fin de semana (이번 주말에 한 일) ········· 149
Las experiencias de estas vacaciones (최근 휴가 경험담) ········· 149

Capítulo 14 ··· 163
Las actividades que hice ayer (어제 한 일) ················· 163
Mi biografía (나의 일대기) ······································ 163

Capítulo 15 ··· 179
Mi infancia (나의 어린시절) ···································· 179

Capítulo 16 ··· 191
Expresar sentimientos (감정 표현) ···························· 191
Consejos (충고) ·· 191
Opiniones (자신의 의견 표현) ································· 191

Capítulo 17 ··· 205
Plan de viaje (여행 계획 세우기) ····························· 205
En la farmacia (약국에서) ·· 205
Aconsejar a los amigos (친구에게 충고하기) ·············· 205
Pedir un favor con cortesía (정중하게 부탁하기) ·········· 205

부 록
듣기 대본 ·· 215
듣기 지문 번역 ·· 253
정답 ·· 275

Capítulo 1

Saludos y despedidas

인사하기

- 인사말
- 자기소개 / 상대방 소개하기
- Llamarse / Apellidarse
- ¿Cómo se dice en español?
- Tú와 Usted
- 스페인어의 반말과 존칭어

Vocabulario y gramática

A Saludos y despedidas

Saludos	Despedidas
· ¡Hola! ¿Qué tal?	· ¡Adiós! ¡Chao!
· ¿Qué tal te va?	· ¡Hasta luego!
· ¡Cuánto tiempo sin verte!	· ¡Hasta pronto!
· ¿Cómo está/s?	· ¡Hasta ahora!
· ¿Cómo te/le va?	· ¡Recuerdos a tu/su familia!
· ¿Cómo andas?	· ¡Un abrazo a su madre!
· ¿Qué pasa?	· Nos llamamos. / Te llamo.
· Buenas...	· ¡Nos vemos!
· Mucho gusto.	· ¡Hasta otra, y a ver cuándo quedamos!
· Encantado/a.	· ¡Hasta la vista! ¡Un día de estos te llamo!
· Me alegro de verte.	· ¡Adiós! ¡Llámame!

	· Bien	
	· Como siempre	
· Genial	· Aquí estamos	· Vaya, no muy bien
· Fenomenal	· Tirando	· Fatal
· De maravilla	· Ya ves, tirando	· De pena
· Guay	· (Nada) Aquí...	· Desesperado
	· Así, así...	
	· Regular	

B Presentarse y presentar a alguien

Presentarse formal e informalmente	
Informal	**Formal**
• Hola, ¿qué tal? Soy + nombre.	• Hola, ¿qué tal? Soy + nombre + apellido.
○ Hola, (yo) soy + nombre.	○ Mucho gusto, encantado/a.
	• Igualmente (mucho gusto).

Presentar a alguien formal e informalmente	
Informal	**Formal**
• Mira, este es Pablo.	• Mire, le presento al señor López.
○ Hola, yo soy Rosa.	○ Mucho gusto, encantada.
■ Hola, ¿qué tal?	■ Igualmente.

C Verbo Llamarse / Apellidarse

	Llamarse	Apellidarse
Yo	me llamo	me apellido
Tú	te llamas	te apellidas
Él/ella/usted	se llama	se apellida
Nosotros	nos llamamos	nos apellidamos
Vosotros	os llamáis	os apellidáis
Ellos/ellas/ustedes	se llaman	se apellidan

• Hola, me llamo Verónica. ¿Y tú? (¿cómo te llamas?)

○ Me llamo Sergio.

• ¿Cómo te apellidas?

○ Me apellido Giménez Palomo.

D ¿Cómo se dice en español?

1
- Me llamo Marta y vivo en Granada.
- Más alto, por favor.

2
- Soy brasileño, de Rio de Janeiro.
- Más despacio, por favor.

3
- ¿Cómo te llamas?
- ¿Puedes repetir, por favor?
- Que cómo te llamas.

7
- ¿Qué significa "hola"?
- Significa "안녕".

4
- ¿Cómo se dice "thanks" en español?
- Se dice "gracias".

5
- ¿Cómo se escribe tu nombre?
- Eme-A-Erre-Te-A

6
- Bo-lí-gra-fo ¿Está bien así?
- Sí, muy bien. (Así está correcto)

E Tú y Usted

스페인에서는 2인칭의 호칭을 Tú와 Usted 두가지로 나뉘며, 나이나, 위계질서, 친밀도 및 믿음 정도에 따라 선택하여 잘 사용해야 한다. "반말해도 돼요?"라는 말로 "¿Puedo tutear?"라는 말을 기억하도록 하자.

Tú	Usted
· 반말, 비존칭	· 존칭
· 이름을 호칭으로 부를 때	· Señor, Señora, Profesor, Doctor 등의 호칭을 사용할 때
· 친밀도가 높을 때	· 낮선 관계 혹은 처음 만난 사람과의 관계

Actividades

A 다음 대화를 듣고 빈 칸을 채워 봅시다. 🎧 1

Diálogo 1

- Hola, Teresa, ¿_______________?
○ Bien. Mira, _____________________________.
■ Hola, ¿qué tal?
- Bien, ¿y tú?
■ Bien, bien. Bueno, _____________________________.

Diálogo 2

- _______________, Sr. Torres, ¿qué tal está?
○ Muy bien, gracias. Mire, le presento a la Srta. Navarro.
- _______________.
■ Mucho gusto.

 다음 대화를 듣고 만날 때 인사말(Saludos)인지, 헤어질 때 인사말(Despedidas)
인지 구분해 봅시다.

Diálogo 1

- Bueno, me voy...
- Vale, pues nos llamamos, ¿no?
- Claro, venga, te llamo.
- ¡Chao, hasta pronto!
- ¡Nos vemos! Adiós.

Diálogo 2

- ¡Hola, Sara! ¿Qué tal?
- Muy bien, genial. ¿Y tú? ¿Cómo te va todo?
- Bien también. ¡Cuánto tiempo!
- Pues, por lo menos dos años... ¿no?
- O más, creo. Me alegro de verte.

Diálogo 3

- Bien, bien, no me puedo quejar. ¿Y tú qué tal?
- Pues, tirando...
- ¿Y la familia?
- Muy bien, gracias.

Diálogo 4

- Bueno, pues nada, que me tengo que ir.
  Es que tengo un montón de cosas que hacer...
  Me alegro mucho de verte.
- Sí, yo también. Venga, adiós. ¡Y recuerdos a tu familia!
- Igualmente. ¡Y un abrazo muy fuerte a tu madre!
- A la tuya también. ¡Adiós!
- Chao, hasta luego.

C 다음과 같은 경우에 스페인어로 말해 봅시다.

1. ¡Hombre! ¿Qué tal? ¿Cómo te va?
   - ____

2. Bueno, venga, te llamo un día de estos, ¿eh?
   - ____

3. Mira, este es Luis, un compañero de trabajo.
   - ____

4. ¡Manuel! ¡Cuánto tiempo sin verte!
   - ____

5. ¡Recuerdos a tu familia!
   - ____

6. Me tengo que ir. Te llamo y quedamos.
   - ____

7. Me alegro mucho de verte.
   - ____

D 다음 대화를 듣고 큰 소리로 따라 읽어 봅시다. 🎧3

Javier: Ana, por favor, ¿cómo se dice "bank" en español?
Ana: Se dice "banco".
Javier: ¿Puedes repetir, por favor?
Ana: Ban-co.
Javier: ¿Cómo se escribe, con be o con uve?
Ana: Con be.
Javier: "Banco". ¿Así está bien?
Ana: Sí, muy bien.

E 교실 안의 물건들의 이름과 철자를 스페인어로 묻고 대답해 봅시다.

보기) ● ¿Cómo se dice "연필" en español?
○ Se dice lápiz.
● ¿Cómo se escribe?
○ Se escribe ele-a-pe-i-ceta

F 다음 질문에 대답해 봅시다.

1. ¿Cómo se escribe mu....er, con ge o con jota?

____

2. ¿Cómo se escribe ....ombre, con hache o sin hache?

____

3. ¿Cómo se escribe ....ero, con ce o con ceta?

____

4. ¿Cómo se escribe ....aca, con be o con uve?

____

5. ¿Cómo se escribe compa....ía, con ene o con eñe?

____

6. ¿Cómo se escribe peli....ojo, con erre o con doble erre?

____

7. ¿Cómo se escribe ....ocadillo, con be o con uve?

____

8. ¿Cómo se escribe piza....a, con erre o con doble erre?

____

9. ¿Cómo se escribe in....eniero, con ge o jota?

____

10. ¿Cómo se escribe ma....onesa, con elle o con i griega?

____

	Tú	Usted
1. En una tienda. Le preguntas algo a una dependienta. Es una chica muy joven.		
2. En un restaurante. Le pides algo a una camarera que tiene unos 50 años.		
3. En un taxi. El taxista es un señor de unos 60 años.		
4. A la portera del edificio en el que vives. Es una señora mayor.		
5. En un banco. El empleado tiene tu edad y te conoce porque eres un cliente habitual.		
6. Al marido de una amiga tuya española.		
7. A la abuela de un amigo tuyo español.		
8. En una discoteca. Le pides algo al camarero.		
9. A una profesora española de 35 años de la universidad.		
10. En una entrevista de trabajo, a un directivo de la empresa.		
11. A un médico en un hospital.		
12. A un señor mayor (desconocido) en la calle.		

Ⓗ 다음 일련의 문장들을 듣고 tú, usted, vosotros, ustedes 중 알맞은 호칭을 선택해 봅시다. 🎧4

	Tú	vosotros	usted	ustedes
1				
2				
3				
4				
5				
6				
7				
8				

스페인어의 반말과 존칭어(Tú와 Usted)

스페인에서 Tú와 Usted의 선택은 다음과 같은 상황을 고려하여 잘 사용해야 한다.

1. 상대방의 나이(Edad de los interlocutores): 상대방의 나이가 약 60세 이상의 연장자를 처음 대할 때는 Usted을 써 주는 것이 예의다. 그러나 가까운 이웃, 친척, 친구를 대할 경우에는 Tú를 써도 무방하다.

2. 위계질서 및 상하관계(Jerarquía): 위계질서가 중요시 여겨지는 군대 및 직장 내에서는 Usted을 쓰는 경우도 있으나, 요즘은 일반 학교나 대학교에서도 학생들과 선생님간에, 혹은 직장내에서도 동료들 간이나 가까운 직장 상사에게도 대부분 반말을 하는 것(tutear)이 일반적이다.

3. 믿음과 친분의 정도(Confianza e intimidad): 아무리 나이차나 위계질서가 있더라도 믿음과 친분의 정도에 따라 Tú를 쓰느냐 Usted을 쓰느냐가 결정된다. 스페인에서는 서로를 존중하고 대접받기를 원하기 보다는 좀 더 친구처럼 가깝고 젊게 느끼고 싶어하는 성향이 강하기 때문에 처음 만남에서 부터 편하게 tutear(반말하기)하기를 더 선호한다. 오히려 Usted을 사용함으로써 상대방이 지나치게 연장자처럼 느끼게 하거나 서로간의 거리감을 조성하게 함으로써 상대방의 기분을 상하게 할 수도 있는 것이다.

4. 사회적 지위(Nivel social): 서신을 주고 받는 등의 공적인 업무적인 관계나, 고객을 응대할 경우 또는 기업의 인터뷰 등의 상황에서는 Usted을 쓰는 것이 예의에 어긋나지 않는다.

5. 외모(Aspecto físico): 나이가 연장자라도 어느정도 외모가 동안이라면, Tú를 쓰는 것도 무방하다. 단, 스페인 보다는 중남미에서는 Usted을 사용하는 빈도가 더 높고 스페인은 tutear 하는 것을 더 편하고 친근하게 여기는 경향이 있으니, 상황에 따라서 잘 선택하여 사용하여야 한다.

Capítulo 2

Presentación personal
자기소개

Presentar a la familia
가족소개

- 직업
- 국적
- 취미
- 주소
- 가족
- Parecerse / llevarse 동사
- 스페인의 가족 개념

Ⓐ Profesión

Profesión	
periodista	cantante
profesor/a	electricista
abogado/a	informático/a
guía	taxista
pintor/a	periodista
cocinero/a	actor/actriz
cajero/a	dentista
médico/a	farmacéutico/a
camarero/a	fotógrafo/a
locutor/a	mecánico/a
secretario/a	empresario/a
cartero/a	veterinario/a
escritor/a	bombero/a
político/a	cajero/a

Pregunta	Respuesta
· ¿Qué haces? ¿Estudias o trabajas?	Yo estudio en la universidad.
· ¿De qué trabajas?	Soy camarero y trabajo en un bar.
· ¿A qué te dedicas?	Me dedico a enseñar a los alumnos.
· ¿Cuál es tu profesión?	Trabajo en un despacho. Soy abogado.

B Nacionalidad y origen

Nacionalidad	Masculino	Femenino
España	español	española
Francia	francés	francesa
Alemania	alemán	alemana
China	chino	china
Japón	japonés	japonesa
Italia	italiano	italiana
Grecia	griego	griega
Portugal	portugués	portuguesa
Bélgica	belga	belga
Estados Unidos	estadounidense	estadounidense
México	mexicano	mexicana
Guatemala	guatemalteco	guatemalteca
Nicaragua	nicaragüense	nicaragüense
Chile	chileno	chilena
Cuba	cubano	cubana
Honduras	hondureño	hondureña
Panamá	panameño	panameña
El Salvador	salvadoreño	salvadoreña
Venezuela	venezolano	venezolana
Brasil	brasileño	brasileña
Argentina	argentino	argentina
Canadá	canadiense	canadiense
Australia	australiano	australiana
Suiza	suizo	suiza
Suecia	sueco	sueca
Irán	iraní	iraní
Marruecos	marroquí	marroquí

Pregunta	Respuesta
· ¿De dónde eres?	Soy de Inglaterra. (Soy inglés)
· ¿Cuál es tu nacionalidad?	Soy coreano/a.
· ¿De qué ciudad eres?	Soy de Madrid.

C Aficiones

escribir cartas	cantar en el Karaoke	jugar al fútbol
jugar al fútbol	esquiar	jugar al béisbol
nadar en la piscina	caminar	jugar al baloncesto
bailar flamenco	conducir	jugar al vóleibol
ver películas	dibujar	jugar al golf
patinar	salir de noche	hacer gimnasia
aprender idiomas	ir de compras	subir la montaña
escuchar música	coleccionar sellos	montar a caballo
pasear	dormir la siesta	montar en bicicleta
charlar con amigos	ver la tele	hacer yoga
beber cerveza	navegar por Internet	hacer aeróbic
sacar fotos	jugar a videojuegos	correr

Pregunta	Respuesta
· ¿Cuáles son tus aficiones? · ¿Qué haces en tu tiempo libre?	Mis aficiones son nadar y jugar al fútbol. Veo películas y escucho música.

D Domicilio

- Sr. : señor
- 1.° : primero
- Pza. : plaza
- Dcha. : derecha
- n.° : número
- @ : arroba

- Sra. : señora
- C / : calle
- Izda. : izquierda
- Avda. : avenida
- P.° : paseo
- Rte. : remitente
- C.P. : código postal

Pregunta	Respuesta
· ¿En qué ciudad vives?	Vivo en Madrid.
· ¿En qué calle vives?	Vivo en Pza. del Alamillo.
· ¿En qué piso?	Vivo en el primero.
· ¿Cuál es tu dirección?	Vivo en Plaza del Alamillo, número 48, primer piso, derecha
· ¿Cuál es el código postal?	Dos-ocho-cero-cero-cuatro

Ⓔ Familia

Familia	
(el/la) abuelo/a	(el/la) tío/a
(los) abuelos	(el/la) sobrino/a
(el) padre	(el/la) primo/a
(la) madre	(el/la) nieto/a
(los) padres	(el/la) suegro/a
(el/la) esposo/a	(los) suegros
(el/la) hijo/a	(el/la) cuñado/a
(los/las) hijos/as	(el) yerno
(el/la) hermano/a	(la) nuera
(los/las) hermanos/as	

F Parecerse a + 사람 / Llevarse bien(mal) con + 사람

Parecerse a + 사람 : ~를 닮다

¿A quién te pareces?

- Yo me parezco mucho / bastante a mi padre físicamente.

- Yo me parezco mucho / bastante a mi madre de carácter.

- No me parezco nada a mi padre.

¿Se parecen ellos?

- Se parecen un poco / mucho / bastante físicamente

                de carácter

                en el manera de pensar / hablar

                / andar...

Tengo el mismo pelo

      los mismos ojos que mi madre / él

      las mismas ideas

Somos (casi) iguales

      muy / bastante / parecidos/as

      muy / bastante / completamente / diferentes / distintos

---

Llevarse bien(mal) con + 사람 : ~와 사이좋게 잘(못) 지내다

Me llevo genial		mis padres
muy bien		mis hermanos
bastante bien	con	mis amigos
un poco mal		mis compañeros de trabajo
muy mal		mis vecinos

Actividades

A 학교의 리셉션에서 4명의 학생들이 있다. 대화를 듣고 아래의 표를 완성해 봅시다.

A-1

1. Nombre: Danis
2. Apellido:
3. Nacionalidad:
4. Edad: 25 años
5. Profesión:

A-2

1. Nombre: Alice
2. Apellido: Johnson
3. Nacionalidad:
4. Edad:
5. Profesión:

A-3

1. Nombre:
2. Apellido: Bavaresco
3. Nacionalidad:
4. Edad:
5. Profesión: periodista

A-4

1. Nombre:
2. Apellido: Park
3. Nacionalidad:
4. Edad:
5. Profesión: enfermera

Preguntas	Para preguntar o para saber

1. ¿Cómo te llamas?
2. ¿Cómo te apellidas?
3. ¿A qué te dedicas?
4. ¿Cuál es tu nombre?
5. ¿De dónde eres?
6. ¿Cuál es tu profesión?
7. ¿Cuál es tu nacionalidad?
8. ¿Cuántos años tienes?
9. ¿Dónde vives?
10. ¿De qué trabajas?
11. ¿Qué haces en tu tiempo libre?
12. ¿Cuándo cumples años?
13. ¿Qué idiomas hablas?
14. ¿Cuál es tu número de teléfono?

- el nombre
- el apellido
- la nacionalidad
- la edad
- el teléfono
- el domicilio
- las aficiones
- el cumpleaños
- los idiomas
- la profesión

C 다음 장소의 전화번호를 서로 묻고 대답해 봅시다.

Lugares	Estudiante 1
Bomberos	
Hospital	
Policía	91 876 35 61
RENFE	
Correos	91 888 16 22
Aeropuerto	90 235 35 70

Lugares	Estudiante 2
Bomberos	112
Hospital	92 568 80 10
Policía	
RENFE	90 224 02 02
Correos	
Aeropuerto	

D 다음 엽서 및 이메일을 보고 각각의 질문에 대답해 봅시다.

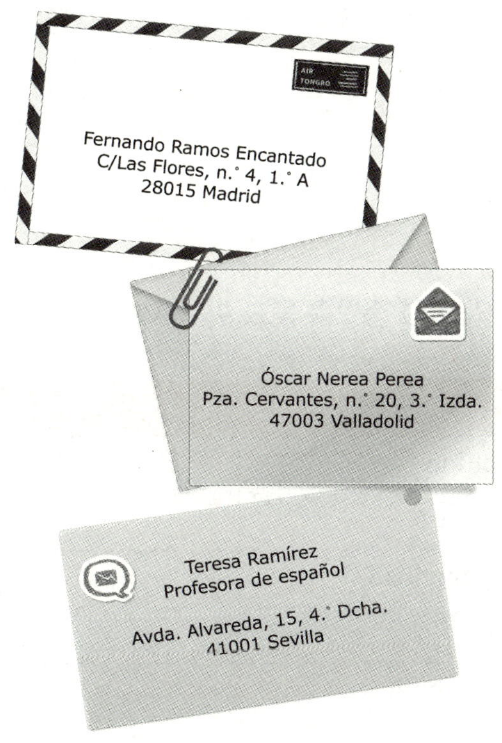

Página 1 de 1
De: Eva García <spanish@clic.es>
Para: Mariola López
<training@hotmail.com>
Fecha: viernes 13 octubre 2013 14:28

Hola. Mariola, ¿qué tal?

1. ¿En qué número vive Teresa?

____

2. ¿Cómo se apellida Fernando?

____

3. ¿En qué ciudad vive Teresa?

4. ¿Cuál es la dirección de Fernando?

5. ¿Dónde vive Óscar?

6. ¿Cuál es el apellido de Teresa?

7. ¿En qué piso vive Óscar?

8. ¿Cuál es el código postal de Teresa?

9. ¿En qué calle vive Teresa?

10. ¿Quién escribe el e-mail?

11. ¿Qué dirección de correo electrónico tiene Eva?

12. ¿En qué fecha escribe el e-mail?

E 다음 표에 자신의 정보를 작성한 후 동료의 개인 정보를 묻고 써 봅시다.

Yo		Mi compañero	
Apellido		Apellido	
Nombre		Nombre	
Nacionalidad		Nacionalidad	
Edad		Edad	
Estado civil		Estado civil	
Profesión		Profesión	
Domicilio		Domicilio	
Teléfono		Teléfono	
Aficiones		Aficiones	

 다음 여섯 명의 사람들은 각각 다른 이유로 스페인어를 공부한다. 그 이유를 듣고 연결해 봅시다.

1. Felipe Echevarría   a. Porque quiere chatear con sus amigos.

2. Luisa Pacheco   b. Para leer en español.

3. Rafa Ojeda   c. Para vivir en España.

4. Emilia Jiménez   d. Porque quiere hablar con sus clientes españoles.

5. Luis Camacho   e. Porque su novia es mexicana.

6. Mercedes Rivero   f. Para viajar por Sudamérica.

 다음 가족의 어휘를 빈 칸에 채워 봅시다.

abuelos	tío	tía	sobrinas	primo
nuera	cuñada	suegros	padres	hermano

1. El hijo de mi tío es mi ________________________.
2. La hermana de mi mujer es mi ________________________.
3. El hijo de tus padres es tu ________________________.
4. Los padres de nuestra madre son nuestros ________________________.
5. El marido de su tía es su ________________________.
6. Las hijas de mi hermano son mis ________________________.
7. Los padres de tu marido son tus ________________________.
8. La hermana de mi madre es mi ________________________.
9. Los hijos de tus abuelos son tus ________________________.
10. La mujer de mi hijo es mi ________________________.

Paulo : ¿Cómo es tu familia?
Rosa : Somos cinco: mi padre, mi madre, una hermana mayor, un hermano menor y yo.
Paulo : ¿Cuántos años tienen tus padres?
Rosa : Mi padre tiene sesenta años, y mi madre, cincuenta y ocho.
Paulo : ¿Qué hacen tus padres? ¿Trabajan o están jubilados?
Rosa : Mi padre ya no trabaja, está jubilado y mi madre es ama de casa.
Paulo : ¿A quién te pareces tú, a tu padre o a tu madre?
Rosa : Físicamente, me parezco mucho a mi madre. Soy alta, como ella. De carácter me parezco más a mi padre.
Paulo : ¿Cómo se llaman tus hermanos?
Rosa : Mi hermana se llama Lucía y mi hermano se llama Alberto.
Paulo : ¿A qué se dedican?
Rosa : Mi hermana trabaja en un hospital, es enfermera. Y mi hermano estudia en la universidad.
Paulo : ¿Cuántos años tienen?
Rosa : Mi hermana tiene veintinueve años y mi hermano tiene diecinueve.
Paulo : ¿Tu hermana está casada o soltera?
Rosa : Ella está divorciada.
Paulo : ¿Cómo es tu hermana?
Rosa : Es muy guapa, sociable y artística. Y es una persona muy divertida. Siempre está de buen humor.
Paulo : ¿Qué tal te llevas con tus hermanos? ¿Te llevas bien o mal?
Rosa : Con mi hermana me llevo muy bien. Ella es un sol. Es la persona más generosa que conozco. Pero con mi hermano Alberto no me llevo muy bien. Discutimos a menudo. Siempre está enfadado conmigo y no sé... Es muy raro.
Paulo : ¡Qué pena! ¿Tienes perros o gatos?
Rosa : Tengo un perro que se llama Elvis. Le encanta cantar.
Paulo : ¿Con quién vives ahora?
Rosa : Vivo con mis padres y mi hermano. Mi hermana Lucía vive separada de mi familia.
Paulo : ¿Dónde vive Lucía?
Rosa : Vive muy cerca de mi casa.
Paulo : ¿Ves a menudo a tu hermana?
Rosa : Sí, casi todos los días la veo. Me encanta salir con ella.

1. En la familia de Rosa son cuatro.

____

2. Su padre está trabajando.

____

3. Rosa se parece mucho a su padre de carácter.

____

4. Rosa es tan alta como su madre.

____

5. La hermana de Rosa está casada.

____

6. Lucía es una persona muy negativa.

____

7. Rosa se lleva muy bien con su hermano Alberto.

____

8. Rosa tiene un perro al que le gusta correr.

____

9. Su hermana vive muy lejos de la casa de Rosa.

____

10. Rosa queda con su hermana muy pocas veces.

____

① 가족, 친척, 친구 중 세 사람의 이름을 적은 후, 동료들에게 다음과 같은 질문을 해 봅시다.

▶ ____

▶ ____

▶ ____

1. ¿Quién es? ¿Es tu padre/madre/hermano(a)/hijo(a)/vecino(a)/amigo(a)/compañero(a)/ sobrino(a)...?
2. ¿A qué se dedica?
3. ¿Está casado(a)/soltero(a)/divorciado(a)/viudo(a)?
4. ¿Cuántos años tiene?
5. ¿Tiene novio/a?
6. ¿Es guapo/a o feo/a? ¿Es alto/a o bajo/a? ¿Es delgado/a o gordo/a?
7. ¿Es simpático/a o antipático/a? ¿Es alegre o aburrido/a? ¿Es deportista?
8. ¿Tienes muchas cosas comunes con él/ella? ¿O es muy diferente a ti?
9. ¿Qué tal te llevas con él/ella? ¿Te llevas bien o mal?

J 다음과 같은 질문에 스페인어로 대답해 봅시다.

1. ¿Cómo te llamas?

2. ¿Cómo te apellidas?

3. ¿En qué ciudad vives? ¿Y en qué barrio? ¿En qué calle vives? ¿En qué piso?

4. ¿Cuál es tu número de teléfono?

5. ¿Cuál es tu dirección de correo electrónico?

6. ¿Cuál es tu nacionalidad?

7. ¿Cuál es tu fecha de nacimiento?

8. ¿Cuál es tu lugar de nacimiento?

9. ¿Cuál es tu estado civil? ¿Eres soltero/a o casado/a?

10. ¿De qué trabajas?

11. ¿Cuántos años tienes?

12. ¿Cuándo cumples años?

13. ¿Cómo es tu familia? ¿Tienes hermanos? ¿Cuántos hermanos tienes?
¿A qué se dedican tus padres? ¿Cómo son tus padres? ¿Qué idiomas hablan?

14. ¿Cuáles son tus aficiones?

15. ¿Por qué estudias español?

16. ¿A quién te pareces, físicamente y de carácter?

17. ¿Te llevas bien con tus hermanos?

La Familia(스페인의 가족 개념)

스페인에서 '가족'이라 함은, 우리 나라에서와 같이 부모, 형제 정도의 좁은 개념이 아니라 가까운 친인척(parientes)과 같이 사는 애완 동물(perros y gatos) 등도 함께 포함되는 넓은 개념으로 이해한다. 스페인에서 가족 저녁 식사(cena) 또는 가족 파티 및 모임(reunión familiar)에 초대받아 가 보면, 사람들이 너무 많아 놀라곤 한다. 또한 가족과 같은 역할을 하는 애완동물은 그들의 삶에서 꼭 필요한 존재로, 거리의 걸인들도 자신의 개를 데리고 다니는 관경을 자주 목격할 수 있다.

El noviazgo y el concepto de novios de España(스페인에서의 연애와 연인의 개념)

스페인에서 연인(novios)의 개념은 우리 나라에서 이해하고 있는 그것과 조금 차이가 있다. 그들이 novio/a라 함은, 단순히 사귄다는 개념 보다는 약간의 서로간의 약속(compromiso)이나 심각성(seriedad)이 필요하다. 그렇지 않을 경우는, 친구(amigo/a)로 이해하거나 표현해 주는 것이 맞을 수 있다.

그리고 법적인 결혼이 그리 중요하지 않은 스페인 사회에서는, 연인(novios)이 꼭 결혼으로 이루어지지 않는다. 법적인 결혼을 한 정식 부부는 당연히 부부(esposos)가 되지만, 결혼을 하지 않고 동거를 하는 novios가 많이 존재하는데, 그런 사람들을 동거인 커플(pareja de hecho)이라고 부른다. 그들도 정식 결혼을 통한 부부는 아니지만, 법적으로 인정을 하고 있기에 점점 그 수가 증가하고 있는 추세다.

가령, "¿Tienes novio?"(남자 친구 있어요?) 물으면, "No, no tengo novio, tengo pareja".(남자 친구는 없는데, 같이 사는 친구는 있어요.) 라고 대답하기도 하며,

혹은, 남자 친구와 같이 있는 한 20대 스페인 여자 친구에게, "¿Es tu novio?"(네 남자 친구니?)라고 물었을 때, "No, no es mi novio, es mi amigo". (아니, 남자 친구가 아니고, 그냥 친구야.) 라고 대답할 수도 있다.

또한, 60대의 할아버지에게, "Tienes esposa?"(부인 있어요?)라고 물었을 때, "No, tengo novia."(아니오, 여자 친구는 있어요.) 라고 대답하는 경우도 많다.

오히려, 우리나라의 단순한 연애나 결혼 제도 보다도 훨씬 다양하고, 그들의 문화를 이해해야만 서로 간의 인간 관계를 좀 더 잘 이해 할 수 있고 혹시라도 실수를 범하지 않을 수 있겠죠.

간단히 정리해 보면,

amigo/a(친구)   → novio/a(연인)   → pareja de hecho(연인/동거인)   → esposo/a(부부)
compañero/a(동료)

Capítulo 3

El carácter

성격

El estado de ánimo

상태

Vocabulario y gramática

A Carácter

Carácter	
Cualidades	Defectos

		simpático/a		antipático/a
		responsable		irresponsable
		generoso/a		estricto/a
		trabajador/a		perezoso/a
		hablador/a	muy	callado/a
	muy	gracioso/a	bastante	aburrido/a
(No) Es	bastante	inteligente	(No) Es ∗ un poco	tonto/a
	nada	abierto/a	nada	cerrado/a
		paciente		impaciente
		puntual		impuntual
		organizado/a		desorganizado/a
		atrevido/a		tímido/a
		tranquilo/a		nervioso/a
		cariñoso/a		orgulloso/a

∗ un poco + adjetivos negativos

B Primeras impresiones

- ¿Qué piensas de José/Julia?
- Parece (un chico/una chica)   muy   divertido/a
  (un hombre/una mujer)   bastante   abierto/a
  (una persona)   un poco   cerrado/a
     majo/a
     sociable
     tímido/a

Estado de ánimo	
Estar + 형용사	Tener + 명사
Está de buen humor de mal humor asustado/a contento/a ocupado/a enfermo/a cansado/a triste enfadado/a preocupado/a nervioso/a decepcionado/a harto/a sorprendido/a enamorado/a	Tiene hambre calor frío sed miedo sueño prisa suerte fiebre mala cara diarrea gripe alergia

D **Muy / bastante / un poco / mucho(a) / nada**

Ser / estar + muy / bastante / un poco+ 형용사	Tener + mucho(a) / bastante / un poco de + 명사
Es muy tranquilo. Está bastante nervioso. Está un poco aburrido. No está nada deprimido.	Tiene mucha hambre. Tiene bastante sueño. Tiene un poco de calor. No tiene nada de frío.

A 다음 형용사들을 아래의 표에 분류한 다음 자신의 성격에 대해 말해 봅시다.

antipático/a	responsable	tranquilo/a	paciente	irresponsable
raro/a	despistado/a	aburrido/a	inteligente	divertido/a
egoísta	generoso/a	organizado/a	puntual	perezoso/a
impaciente	desorganizado/a	tímido/a	abierto/a	conservador/a
miedoso/a	impuntual	nervioso/a	simpático/a	cariñoso/a
imprudente	callado/a	travieso/a	tonto/a	envidioso/a
educado/a	serio/a	mentiroso/a	tacaño/a	alegre	sociable
bromista	trabajador/a	hablador/a	prudente	valiente	altruista

+ Positivo	− Negativo

보기) Yo creo que soy muy atrevida, bastante tranquila y un poco impaciente.
Pero mis amigos piensan que soy un poco tímida y muy generosa.

____

____

B Carmen과 Lucía는 Pablo와 Sebastián에 대해 이야기하고 있다. 대화를 듣고 빈 칸에 알맞은 형용사를 넣어 봅시다. 🎧 8

Carmen	: Lucía, ¿te gustan los chicos de nuestra clase?
Lucía	: Sí... Sobre todo Sebastián. Es superguapo. Se parece a Brad Pitt.
Carmen	: ¡Brad Pitt! ¡Qué dices!
Lucía	: Sí... Es alto, delgado, rubio.... Y es muy ____________. Esta mañana he hablado con él y es muy ____________.
Carmen	: Es bastante ____________, pero es un poco ____________. ¿No crees?
Lucía	: No, no es orgulloso... Es muy simpático.
Carmen	: Pues a mí no me gusta, no es mi tipo. A mí me gusta más Pablo, porque es muy ____________ y moreno.
Lucía	: ¿Gracioso? ¡Qué dices! Es bastante ____________.
Carmen	: Bueno... Es un poco ____________, y también es ____________.
Lucía	: ¡Bah! Es tímido y ____________.
Carmen	: ¡Cuidado! Ahí vienen...

C 다섯 명의 사람들이 Matilde의 성격에 대해 서술하고 있다. 듣고 각자가 사용하는 형용사를 써 봅시다. 🎧 9

1. Isabel	2. El profesor	3. Su madre	4. Su hermano	5. Pedro

보기) Yo estoy muy contento y bastante animado. Pero estoy un poco cansado y tengo hambre.

____

____

E 동료들에게 서로 질문하고 스페인어로 대답해 봅시다.

1. ¿Estás bien o enfermo/a?

____

2. ¿Estás contento/a o triste?

____

3. ¿Estás animado/a o aburrido/a?

____

4. ¿Estás tranquilo/a o nervioso/a?

____

5. ¿Estás de buen humor o de mal humor?

____

6. ¿Estás enamorado/a de algún/a chico/a?

____

7. ¿Estás preocupado/a por algo? (por el examen / por tu futuro / por tu familia...)

____

8. ¿Tienes hambre o no?

____

9. ¿Tienes sueño?

____

10. ¿Tienes calor o frío?

____

11. ¿Tienes sed?

____

12. ¿Tienes miedo de algo? (del mar / de los perros / la altura / los fantasmas...)

____

F 다음과 같은 상태에는 어떤 행동을 하는지 서로 묻고 대답해 봅시다.

보기)
● ¿Qué haces cuando tienes calor?
○ Cuando tengo calor, bebo café frío.

¿Qué haces cuando...?	Respuestas
1. estás triste?	camino rápido
2. estás contento/a?	conduzco rápido
3. estás cansado/a?	doy un paseo
4. estás aburrido/a?	grito
5. estás nervioso/a?	me ducho
6. estás enfadado/a?	me tomo un baño caliente
7. estás de mal humor?	tomo un refresco
8. estás deprimido/a?	tomo cerveza
9. estás enfermo/a?	tomo un vaso de leche
10. tienes calor?	voy de compras
11. tienes frío?	navego por Internet
12. tienes miedo?	llamo a un/a amigo/a
13. tienes prisa?	consulto a un psicólogo
14. tienes hambre?	charlo con un/a buen/a amigo/a
15. tienes sed?	me pongo un jersey
16. sueño?	pongo el aire acondicionado
	echo la siesta
	voy al médico
	me quedo en cama
	me como las uñas
	me quedo en casa
	leo un libro
	duermo
	compro ropa nueva
	como hamburguesas...
	escucho música
	me quito la chaqueta
	prefiero estar solo/a
	ver la televisión
	salgo en mi coche
	cojo el taxi
	bostezo
	lloro
	sonrío

Paula	: ¡Hola! ¿Qué te pasa, Sebastián? Tienes mala cara.
Sebastián	: Sí, estoy un poco mal. Tengo __________ y estoy un poco __________. ¿Y a ti cómo te va la vida?
Paula	: Pues bien. No me puedo quejar.
Sebastián	: ¿Qué estás haciendo ahora?
Paula	: He cambiado de trabajo hace un año y ahora estoy trabajando para varias productoras de cine.
Sebastián	: ¡Ah, qué bien!
Paula	: Me encanta mi trabajo y estoy muy __________. ¿Y tú? ¿Qué haces?
Sebastián	: Yo estoy trabajando en la empresa de mi hermano y estoy muy __________. ¿Y de novios qué tal? ¿Estás saliendo con alguien?
Paula	: Pues mira, no. En este momento no salgo con nadie. ¿Y a ti de amores te va bien?
Sebastián	: Un poco mal. Mi novia se va a Japón a trabajar. Estoy muy __________ y __________. Y tengo miedo de quedarme solo.
Paula	: ¡Qué pena! ¿Por qué no le insistes en quedarse aquí?
Sebastián	: Ya sabes, es muy __________ y nunca cambia de opinión. Y además está muy __________ con ir a Japón.
Paula	: ¡Ánimo! Ah, me tengo que ir. Tengo __________. Te llamo y quedamos otro día.
Sebastián	: Venga, pues nos vemos otro día.

1. Es medianoche y ves un ladrón en casa.

2. Tienes un examen de español en cinco minutos.

3. Es tu cumpleaños y estás en una fiesta con tus amigos.

4. Recibes una mala nota en tu examen de matemáticas.

5. Ves a una chica muy guapa y te enamoras de ella.

6. Es un domingo de verano. Hace mucho sol y hace calor. Y tú trabajas en el jardín.

7. Hoy no has comido nada todo el día.

8. Has trabajado muchísimo y has llegado a casa a las once de la noche.

9. Es invierno. Las temperaturas son de 15 grados bajo cero. Y la calefacción de casa no funciona.

10. Encuentras a tu perro comiéndose tu mejor camiseta.

11. Son las 8:55. Vas a llegar tarde a tu clase de las 9:00 de la mañana.

12. Tienes una entrevista de un trabajo en 10 minutos y de repente recibes una llamada de tu abuela. Dice que está en el hospital.

❶ 다음과 같은 질문에 스페인어로 묻고 대답해 봅시다.

1. ¿Qué tipo de personas crees que eres? ¿Cuáles son tus virtudes y tus defectos?

2. ¿Cómo es tu novio(a) / tu mejor amigo(a) / tu madre / tu madre de carácter?

3. ¿Cómo es tu hombre / mujer ideal?

4. ¿Cómo es tu amigo/a ideal?

5. ¿Cómo son tus padres ideales?

6. ¿Cómo está tu estado ánimo estos días? Explica por qué.

7. ¿Cómo estás ahora?

8. ¿Cómo está tu familia?

9. ¿Qué haces cuando estás triste? (nervioso/a, de buen/mal humor, enamorado/a)?

10. ¿Qué haces cuando tienes frío? (calor, sueño, hambre, miedo)

Nota Cultural

스페인의 바디 랭귀지(Lenguaje Corporal)

상대와 대화를 나눌 때 언어가 아닌 바디 랭귀지로도 많은 메시지를 전달할 수 있다. 대화 중에 언어로서 전달될 수 있는 부분은 약 35%이며 얼굴 근육은 약 20000가지의 다른 움직임을 만들어 낼 수 있다고 한다. 특히나 스페인과 같은 나라에서는 바디 랭귀지, 즉 자세, 시선, 제스쳐 및 얼굴 표정 같은 것들이 상대와의 친근하고 호감도 높은 대화를 이끌어 내기위해 아주 중요한 부분이기도 하다. 스페인계 사람들과 의사소통시 다음과 같은 유의 사항들을 염두해 둔다면 많은 도움이 될 것이다.

1. 상대의 눈을 똑바로 쳐다봐라.

상대의 시선은 많은 것을 말해준다. 시선만으로 상대의 감정 상태, 즉 기쁨, 슬픔, 걱정 근심 상태를 파악하기에 충분하다. 스페인에서 상대의 눈을 똑바로 직시하는 것은 그 사람이 아주 자신감이 있고 정직하다는 것을 나타낸다.

2. 침묵의 가치

스페인에는 "Quien calla, otroga" 즉 "침묵은 곧 긍정, 허락이다" 라는 속담이 있다. 하지만 다른 유럽 국가들과 마찬가지로 질문에 어떠한 답도 하지 않는 것은 아주 불공손하고 무례하게 비춰질 수 있다고 한다. 말하는 것을 좋아하고, 자신의 의견 표출 및 비판에도 솔직한 스페인 국민성으로서는 침묵의 가치는 높이 평가될 수는 없는 것 같다.

3. 손으로 말하라.

라틴 문화나 지중해 문화 지역 사람들은 다른 앵글로 색슨족이나 아시아 계통의 사람들보다도 훨씬 많이 손을 사용해서 대화를 하고, 상대방을 만지는 것을 좋아한다. 즉 악수를 한다든지, 포옹, 키스하기, 팔꿈치로 찌르기, 팔짱 끼기, 상대의 어깨에 손 얹기, 뺨을 살짝 치기, 배나 가슴을 주먹으로 살짝 치기, 볼 꼬집기 등이 있다. 상황과, 의도 또는 상대와의 관계에 따라 달라질 수 있지만,

스페인에서 상대를 자주 만지는 것은 상대에 대한 애정의 표시라고 할 수 있다. 단, 주머니에 손을 넣고 대화를 하는 것은 약간의 불공손한 태도라 할 수 있다.

4. 스페인의 공간 개념

서로간에 대화시 편안한 거리는 상대적인 것이다. 가령, 스페인이나 라틴 아메리카에서는 50 cm 이하가 서로간의 가장 편한 거리라고 한다. 우리 동양 사람에게는 다소 불편한 거리이며, 미국에서도 적어도 공간 침해라고 느끼지 않기 위해서는 1m의 거리가 필요하다고 한다.

5. 조바심과 지겨움을 나타내는 제스쳐들

유럽 여러 국가들에서는 자주 일어나거나, 다리를 자주 바꿔서 꼰다던지, 시계를 자주 쳐다보는 것은 상대가 지금 지루하다는 표현이라고 한다. 그래서 아주 편안한 자세로 앉아서 대화를 나누는 것도 중요하다. 발을 자주 떨거나 움직이는 것은 상대가 지금 불안하거나, 긴장 또는 피곤하다는것으로 생각할 수 있다.

6. 미소를 지으세요.

대화중에 미소를 짓는 것은 상대에 대한 믿음와 기쁨을 전달한다. 그렇다고 과장할 필요는 없다. 너무 과장되게 웃으면, 전혀 신중하지 않다고 간주될 수 있기 때문이다. 적절한 리액션과 자연스러운 미소는 상대방이 친절하고 성격이 상냥하다는 인상을 주므로 스페인 사람들과 친해지려면 우선 말을 많이하고 많이 웃는게 최선이다.

Capítulo 4

Descibir a los compañeros

- Ser / Tener 동사
- Llevar 동사
- 옷과 악세서리
- 색깔
- 스페인 반도 스페인어와 중남미 스페인어

A Verbo Ser / Tener

	Ser	Es + 형용사	Tener	Tiene + 명사
Yo	soy	moreno/a, rubio/a	tengo	los ojos oscuros /
Tú	eres	alto/a, bajo/a	tienes	claros / bonitos...
Él/ella/usted	es	gordo/a, delgado/a	tiene	bigote / barba
Nosotros	somos	guapo/a, feo/a	tenemos	la nariz muy grande /
Vosotros	sois	joven, mayor	tenéis	pequeña
Ellos/ellas	son		tienen	el pelo corto / largo
/ustedes				el pelo liso / rizado

B Verbo Llevar

	Llevar (~을 입고 있다)	Lleva+ 의류, 악세서리
Yo	llevo	barba / bigote
Tú	llevas	falda / vestido /
Él/ella/usted	lleva	pantalones / jersey
Nosotros	llevamos	sombrero / gafas
Vosotros	lleváis	pendientes / anillo / collar
Ellos/ellas/ustedes	llevan	

C Ropa y Accesorios

Ropa	Accesorios
(el) abrigo	(el) anillo
(el) bañador	(el) collar
(la) blusa	(la) gorra
(las) botas	(el) gorro
(los) calcetines	(los) pendientes
(los) calzoncillos	(la) pulsera
(la) camisa	(el) reloj
(la) camiseta	(las) sandalias
(la) cazadora	(el) sombrero
(la) corbata	(las) deportivas
(la) chaqueta	(los) zapatos
(la) falda	(los) zapatos de tacón
(el) jersey	(las) medias
(los) pantalones	(la) bufanda
(el) traje	(el) bolso
(el) vestido	(la) cartera
(el) pijama	
(las) bragas	
(el) sujetador	

D Relaciones

Relaciones de pareja					
Estar	casado/a soltero/a divorciado/a separado/a viudo/a	Tener	novio/a pareja	Salir con	un chico una chica alguien

Es	mi compañero/a de piso. mi compañero/a de trabajo. mi amigo/a. mi vecino/a. mi novio/a. mi pareja. mi jefe/a.

E Colores

Masculino	Femenino	Plural	
-o	-a	Consonantes	-es
negro blanco amarillo rojo	negra blanca amarilla roja	azules grises marrones	azules grises marrones
verde azul marrón rosa naranja violeta gris		Vocales	-s
		negros blancos amarillos rojos rosas	negras blancas amarillas rojas rosas

F Identificar

Pregunta	Respuesta
	El/la/los/las Ese/esa/esos/esas + 형용사 El rubio es mi hermano. Ese rubio es mi hermano.
¿Quién es ese/esa? ¿Quiénes son esos/esas?	El/la/los/las Ese/esa/esos/esas + de + 명사 Los del bigote son mis compañeros. Esos del bigote son mis compañeros.
	El/la/los/las Ese/esa/esos/esas + que + 동사 La que está en la puerta es mi novia. Esa que está en la puerta es mi novia.

Actividades

A 서로 반대되는 형용사끼리 연결해 봅시다.

1. simpático
2. tranquilo
3. callado
4. tonto
5. aburrido
6. serio
7. vago
8. fuerte

a. inteligente
b. gracioso
c. antipático
d. trabajador
e. alegre
f. nervioso
g. débil
h. hablador

B 다음 그림을 보고 알맞은 묘사를 연결지어 봅시다.

a 　b 　c 　d 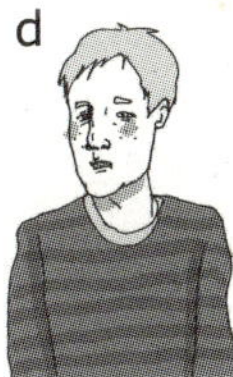

B-1

Es delgado, rubio y un poco feo.
Tiene los ojos azules y el pelo liso.

B-2

Tiene el pelo rizado y largo.
Es morena y bastante guapa.

B-3

Es morena y bastante mayor.
Tiene los ojos oscuros y el pelo corto y liso.

B-4

Es moreno, alto y delgado.
Tiene el pelo largo y rizado.
Tiene los ojos oscuros.

	Felipe	Saúl	Lucía	Rebeca
una gorra				
una chaqueta				
unos pantalones				
una camiseta				
una blusa				
unos zapatos				
unas sandalias				
unas botas				
unas deportivas				
un sombrero				
un reloj				
un jersey				
unas gafas de sol				
un vestido				
una falda				
unos pendientes				
un bolso				
unas medias				

D-1

Es delgada y baja.
Tiene el pelo largo y rizado.
Es morena.

D-2

Es morena y gorda.
Tiene el pelo largo y liso.
Tiene los ojos azules.

D-3

Es rubio.
Tiene el pelo corto y rizado.
Lleva bigote.
Es alto y delgado.

D-4

Es alto y gordo.
Tiene el pelo corto y liso.
Lleva barba.
Lleva gafas y tiene los ojos azules.

	Rafael	Cecilia	Ángel	Verónica
alto/a	X		X	
bajo/a		X		X
delgado/a	X	X		
gordo/a			X	X
bigote	X			
barba	X		X	
gafas		X	X	
rubio/a	X			X
moreno/a		X	X	
pelo corto	X		X	
pelo largo		X		X
pelo rizado	X	X		
pelo liso			X	X
ojos negros			X	
ojos verdes				X
ojos marrones		X		
ojos azules	X			

Sergio의 남동생 결혼식에서 Sergio는 그의 친구와 몇몇 초대객들에 대한 이야기 하고 있다. 대화를 듣고 각각 누구에 관한 것인지 말해 봅시다.

G **F**의 대화를 다시 듣고 다음 초대객들과 María의 관계를 써 봅시다. 🎧11

1. Juan _______________________________

2. Rosa _______________________________

3. Aurora _______________________________

4. Felipe _______________________________

5. Isabel _______________________________

6. Pedro _______________________________

H 다음과 같은 질문에 스페인어로 묻고 대답해 봅시다.

1. ¿Cómo se llama tu mejor amigo/a?

   ____

2. ¿De qué color tiene los ojos?

   ____

3. ¿De qué color tiene el pelo? ¿Lleva el pelo liso o rizado?

   ____

4. ¿Es guapo/a?

   ____

5. ¿Es alto/a, bajo/a o de estatura mediana?

   ____

6. ¿Es moreno/a?

   ____

7. ¿Es gordo/a o delgado/a?

   ____

8. ¿Tiene bigote o barba?

   ____

9. ¿Lleva gafas?

   ____

10. ¿Cómo es? ¿Es simpático/a? ¿Es tímido/a? ¿Es trabajador/a? ¿Es tranquilo/a?
    ¿Es gracioso/a?

    ____

11. ¿Te gusta llevar vaqueros? ¿Qué tipo de ropa te gusta llevar normalmente?

    ____

12. Describe a una persona de la clase.

    ____

스페인 반도 스페인어와 중남미 스페인어
(El español de España y el español de América)

스페인이라는 나라 안에서도 마드리드, 세비야, 바르셀로나에서 동일하게 말할 수 없듯이, 하물며 멕시코, 아르헨티나 등지의 중남미 국가에서 쓰이는 스페인어 역시 스페인의 반도 스페인어와는 많은 차이점을 갖고 있다.

1. 발음과 억양(pronunciación y entonación)

스페인에서는 'c'와 'z'를 혀를 내밀어 발음하고, 중남미나 스페인의 안달루시아 일부 지역에서는 'c'와 'z'를 's'와 동일하게 발음한다. 또한, 마지막에 오는 's'를 아르헨티나, 베네수엘라 및 칠레, 스페인의 안달루시아 지방에서는 발음하지 않는 경향이 있다. 예를 들어, "los hombres"(로쓰 옴브레쓰)를 "loombre"(롬브레)로 발음하게 된다. 억양에서도 차이점을 발견할 수 있는데, 스페인 현지 스페인어는 억양의 높이가 중남미에 비해 저음이다. 따라서, 반도 스페인어는 좀 더 저음의 남성적이며 공격적인 말투로 들릴 수 있고, 중남미 스페인어는 마치 노래하듯이 여성적이며 예쁘고 다정하게 들릴 수도 있다.

2. 문법(gramática)

멕시코를 비롯한 많은 중남미 국가에서는 2인칭 복수형 "vosotros"를 사용하지 않고 대신에 3인칭 복수형인 "ustedes"를 사용한다. 따라서 동사 변화도 6개가 아닌 5개만 사용하게 된다. 스페인 국가 내에서도 세비야(Sevilla) 혹은 카나리아 제도(Canarias) 등지에서는 "vosotros" 대신에 "ustedes"를 사용한다. 심지어, "¿Ustedes sois de aquí?"라고 말하는 사람도 있다. 또한, 아르헨티나에서는 "tú" 대신에 "vos"를 사용하는데, 예를 들어, "¿Tú eres española?"로 말하지 않고, "¿Vos sos española?"라고 말한다.

3. 어휘(vocabulario)

일상적으로 사용되는 어휘들의 의미적 차이는 두드러지게 나타난다. 쉬운 예로, 스페인에서는 바나나를 "plátano"라고 하는 반면, 아르헨티나에서는 "banana"로, 베네수엘라에서는 "cambur", 또 다른 지역에서는 "guineo"라고 하기도 한다. 또한, 멕시코 구어체에서는 "amigo/a"를 "cuate" 혹은 "cuata"라고 부르며, 친구들 사이에 안부를 묻는 말로, "¿Cómo están mis cuates?"가 흔히 많이 쓰인다.

이와 같은 발음, 문법과 어휘적 차이는 각 국가의 서로 다른 구어체에서 주로 두드러지게 나타나며, 문학 등의 교양어에서는 그 차이가 아주 적다고 할 수 있다. 스페인어를 모국어로 하는 사람이라면 서로 다른 발음, 어휘, 문법을 사용하지만, 학교에서는 다 배우기 때문에 서로를 이해하는데는 전혀 문제가 되지 않는다. 따라서 이렇게 서로 다른 스페인어의 모든 어휘를 다 공부할 수 없기에 일단 스페인의 반도 스페인어를 익힌 다음 중남미 여행 또는 체류의 기회가 주어진다면, 그 때 다시 새로운 어휘를 익혀보는 것도 좋은 방법이 될 수 있다.

Capítulo 5

La hora / la fecha

시간 / 날짜

El horario del día a día

일상 생활 스케줄

- 숫자(기수 / 서수)
- 요일 / 날짜
- 시간
- 직설법 현재 동사
- 빈도부사
- Saber / Poder / Conocer 동사
- 스페인의 축제

 A Números

1. Números cardinales

0 cero	10 diez	20 veinte	30 treinta	200 doscientos
1 uno	11 once	21 veintiuno	31 treinta y uno	300 trescientos
2 dos	12 doce	22 veintidós	32 treinta y dos	400 cuatrocientos
3 tres	13 trece	23 veintitrés	40 cuarenta	500 quinientos
4 cuatro	14 catorce	24 veinticuatro	50 cincuenta	600 seiscientos
5 cinco	15 quince	25 veinticinco	60 sesenta	700 setecientos
6 seis	16 dieciséis	26 veintiséis	70 setenta	800 ochocientos
7 siete	17 diecisiete	27 veintisiete	80 ochenta	900 novecientos
8 ocho	18 dieciocho	28 veintiocho	90 noventa	1.000 mil
9 nueve	19 diecinueve	29 veintinueve	100 cien	10.000 diez mil
				100.000 cien mil
				1.000.000 un millón

2. Números ordinales

I primero	VI sexto	
II segundo	VII séptimo	Felipe V : Felipe quinto
III tercero	VIII octavo	Isabel I : Isabel primera
IV cuarto	IX noveno	Juan Pablo II : Juan Pablo segundo
V quinto	X décimo	

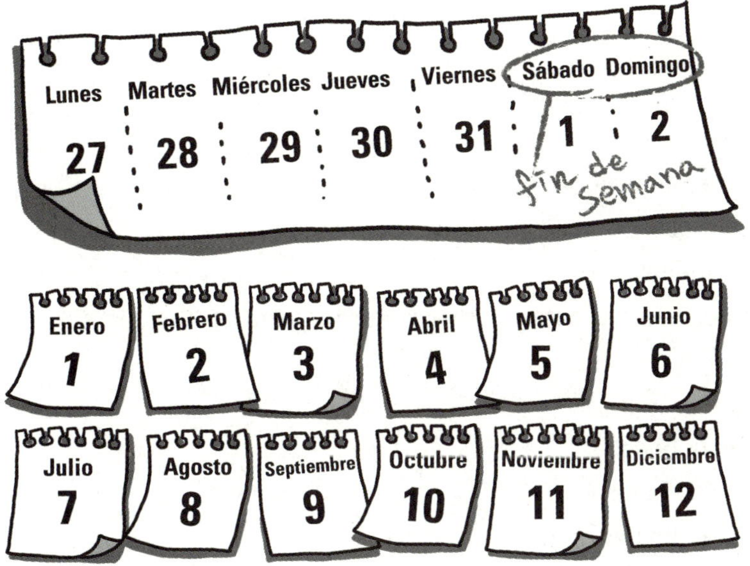

- ¿Sabes qué día es hoy?
- ¿Hoy? Es martes.

- ¿Cuándo llegas?
- El sábado a las ocho de la mañana.

- ¿Qué haces los domingos?
- Normalmente descanso en casa y ceno con mi familia.

C La hora y los horarios

1. Preguntar la hora

¿Qué hora es? / ¿Tienes hora?

2. Responder la hora

Es la una en punto.

Son casi las dos.

Son las tres y veinte (minutos).

Son las cuatro y cuarto.

Son las siete y media.

Son las trece horas y cuarenta y cinco minutos.(formal)

3. Actividades y eventos

¿A qué hora es la boda?

- Es a las cinco de la tarde.

¿A qué hora es la inauguración?

- A la una.

4. ~부터 ~까지

· De...a...

　Trabajo de 9:00 a 6:00.

· Desde la/las... hasta la/las...

　Estudio desde las 8:00 hasta la 1:00.

5. 기타

· Por la mañana / tarde / noche

· Al mediodía (12:00)

· A medianoche (24:00)

♣ 스페인 문화에서 al mediodía는 주로 13:00에서 15:00사이의 점심 식사 시간대를 일컬을 때 주로 사용됨을 기억합시다.

예를 들어, Nos vemos al mediodía y comemos juntos.

🅓 Presente de indicativo

1. Verbos regulares

	Trabajar	Comer	Vivir
Yo	trabajo	como	vivo
Tú	trabajas	comes	vives
Él/ella/usted	trabaja	come	vive
Nosotros/as	trabajamos	comemos	vivimos
Vosotros/as	trabajáis	coméis	vivís
Ellos/ellas/ustedes	trabajan	comen	viven

2. Verbos reflexivos

	Ducharse	Lavarse	Bañarse
Yo	me ducho	me lavo	me baño
Tú	te duchas	te lavas	te bañas
Él/ella/usted	se ducha	se lava	se baña
Nosotros/as	nos duchamos	nos lavamos	nos bañamos
Vosotros/as	os ducháis	os laváis	os bañáis
Ellos/ellas/ustedes	se duchan	se lavan	se bañan

· ponerse, vestirse, maquillarse, pintarse, quitarse, peinarse, secarse, afeitarse, levantarse, acostarse, despertarse, dormirse

3. Verbos irregulares

	Querer (e→ie)	Poder (o→ue)	Pedir (e→i)
Yo	quiero	puedo	pido
Tú	quieres	puedes	pides
Él/ella/usted	quiere	puede	pide
Nosotros/as	queremos	podemos	pedimos
Vosotros/as	queréis	podéis	pedís
Ellos/ellas/ustedes	quieren	pueden	piden

· e → ie : preferir, comenzar, empezar, perder, pensar, despertarse

· o → ue : encontrar, volver, dormir, costar, recordar, acostarse, poder

· e → i : servir, vestirse

	Venir	Decir	Oír
Yo	vengo	digo	oigo
Tú	vienes	dices	oyes
Él/ella/usted	viene	dice	oye
Nosotros/as	venimos	decimos	oímos
Vosotros/as	venís	decís	oís
Ellos/ellas/ustedes	vienen	dicen	oyen

	Ir	Ser	Conducir
Yo	voy	soy	conduzco
Tú	vas	eres	conduces
Él/ella/usted	va	es	conduce
Nosotros/as	vamos	somos	conducimos
Vosotros/as	vais	sois	conducís
Ellos/ellas/ustedes	van	son	conducen

E Expresar frecuencia

· Todos los días / Todos los meses / Todas las semanas / Todos los martes / Todos los años
· Cada día / cada quince días / cada tres meses / cada año
· Dos / tres / cuatro...veces al día / a la semana / al mes / al año

¿Tú haces gimnasia?
-Sí, hago gimnasia tres veces a la semana.

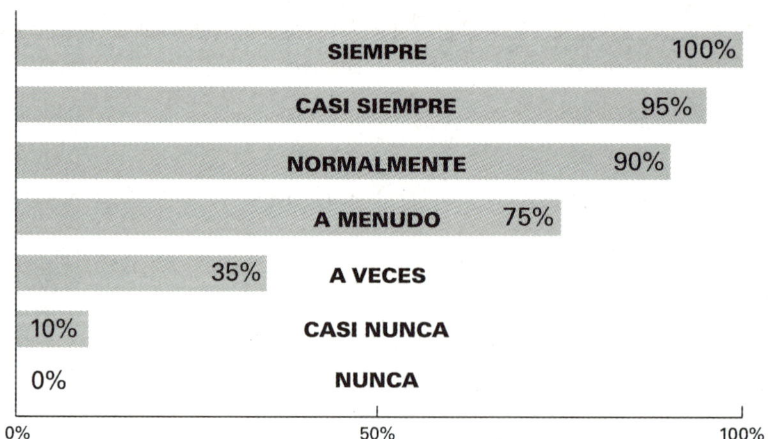

F Saber / Poder / Conocer

Saber + 동사원형	Poder + 동사원형	Conocer + 사람 / 장소 / 음식
sé	puedo	conozco
sabes	puedes	conoces
sabe	puede	conoce
sabemos	podemos	conocemos
sabéis	podéis	conocéis
saben	pueden	conocen

· Saber + 동사원형: ~를 할 줄 안다.

  Sé jugar a las cartas.

· Poder + 동사원형: ~를 할 수 있다.

  Puedo llamarte después de las 11:00.

· Conocer + 사람 (~를 만나본 적이 있다) Conozco a Nacho. Es mi vecino.

  Conocer + 장소 (~에 가본 적 있다) Conozco París. Estuve allí el año pasado.

  Conocer + 음식 (~을 먹어본 적 있다) Conozco el gazpacho. Lo he probado una vez.

G Hablar de habilidades

Pregunta	Respuesta
• ¿Sabes conducir?	Sé conducir muy bien.
	Sé conducir bastante bien.
	Sé conducir un poco.
	Sé conducir muy mal.
	No sé conducir.
• ¿Cocina bien tu madre?	Cocina muy bien.
	Cocina bastante bien.
	Cocina bastante mal.
	Cocina muy mal.
	Cocina fatal.

A 노래를 듣고 다음 표에 12개월을 스페인어로 채워 봅시다. 🎧12

```
LOS MESES DEL AÑO

□n□ro      f□br□r□
m□rz□       □br□l
m□y□       j□n□□
j□l□□      □g□sto
s□pt□□mbr□
              oct□br□
nov□□mbre
              d□c□□mbre
```

B Ana가 매주 어떤 일을 하는지 서로 묻고 대답해 봅시다.

Semanas	Estudiante 1
lunes	
martes	
miércoles	Comer con sus padres
jueves	
viernes	Hacer la compra
sábado	
domingo	Domir hasta mediodía

Semanas	Estudiante 2
lunes	Ir a la peluquería
martes	Ver la televisión
miércoles	
jueves	Lavar la ropa
viernes	
sábado	Salir con sus amigos
domingo	

C 다음 문장을 읽고 Yo también / Yo no / Yo sí / Yo tampoco로 대답해 봅시다.

1. Me lavo los dientes tres veces al día.
2. Yo no me lavo el pelo todos los días.
3. Siempre me ducho por la noche.
4. Después de levantarme, primero desayuno.
5. Antes de acostarme, siempre veo la tele.
6. Me ducho en solo diez minutos.
7. Me visto en cinco minutos.
8. Casi nunca me pongo las deportivas.
9. Yo nunca me pongo perfume.
10. Nunca me peino.

1. levantarse 8:00
2. ducharse 8:15
3. desayunar 8:30
4. vestirse 9:00
5. salir de casa 9:15
6. coger el autobús 9:30
7. llegar al colegio 10:00
8. empezar las clases 10:15
9. comer 1:30
10. terminar la clase 5:15
11. regresar a casa 6:00
12. cenar 8:30
13. acostarse 11:00

E Paco의 하루 일과를 듣고 맞는지 확인한 후 자신의 하루 일과를 작문해 봅시다.

Paco se levanta a las ocho de la mañana, se ducha a las ocho y cuarto y desayuna un café con leche y una tostada. A las nueve se viste. Sale de casa a las nueve y cuarto y coge el autobús a las nueve y media. Llega al colegio a las diez y empieza las clases a las diez y cuarto. Come en la cafetería con sus compañeros a la una y media. Termina la clase a las cinco y cuarto y regresa a las seis. Cena con su familia a las ocho y media. Antes de acostarse, hace los deberes y ve un poco la tele. A las once se acuesta.

Yo ____

____

____

____

____

____

____

F José와 María의 대화를 듣고 각자가 하는 문화 스포츠 활동과 집에서 하는 일을 각각 써 봅시다.

	Actividades culturales y deportivas		Actividades que realizan en casa	
	sábado	domingo	sábado	domingo
José				
	sábado	domingo	sábado	domingo
María				

G F의 대화를 다시 듣고 맞는지 확인해 봅시다. 

María : José, ¿qué haces tú los fines de semana?

José : Los sábados me levanto tarde... Bueno, a las diez o así. Cuando me levanto, desayuno, me ducho y me voy a la compra. Después, hago la limpieza. Por la tarde, estudio un rato y por la noche, muchas veces voy al cine con mis amigos. ¿Y tú?

María : Pues yo los sábados prefiero levantarme temprano, porque me gusta salir a correr. Después, voy a la compra y cocino para toda la semana. Por la tarde voy al teatro con mi novio. Por la noche, voy a la discoteca porque me gusta mucho bailar.

José : ¿Y qué haces los domingos?

María : Los domingos normalmente voy a ver alguna exposición, pero si hace buen tiempo, me gusta ir a la playa. Juego al vóley playa y tomo el sol. Por la noche, ceno con mis padres y descanso.

José : Pues yo los domingos hago mucho deporte: juego al fútbol en un equipo y luego nado en la piscina. Por la tarde, después de comer, me echo la siesta en casa y veo la tele.

보기) ¿Qué haces normalmente...?

1. los sábados por la mañana?

____

2. los domingos al mediodía?

____

3. los viernes por la noche?

____

4. los lunes por la mañana?

____

5. los jueves por la noche?

____

6. los martes por la tarde?

____

7. los miércoles por la tarde?

____

8. los sábados por la noche?

____

I 다음 행위들을 얼마나 자주 하는지 빈도부사를 사용하여 서로 묻고 대답해 봅시다.

Actividades	Siempre/Todos los días	A menudo	Algunas veces	Pocas veces	Casi nunca	Nunca
Hacer ejercicio						
Ir al dentista						
Levantarse temprano						
Llegar tarde a clase						
Beber cerveza						
Ir en bici						
Dormir la siesta						
Conducir						
Ir a la peluquería						
Escribir cartas						
Jugar a los bolos						

J 당신은 2주 동안 스페인에서 어학연수를 하고 있다. 다음 목록에서 무엇을 하고 싶은지 표기해 보고 말해 봅시다.

¿Qué cosas quieres hacer en España en estas dos semanas?

- [ ] aprender español
- [ ] hacer deporte
- [ ] ir al cine
- [ ] ir a museos
- [ ] salir de noche
- [ ] conocer la ciudad
- [ ] conocer gente
- [ ] ver corridas de toros
- [ ] aprender a tocar la guitarra
- [ ] ver un espectáculo de flamenco
- [ ] aprender a cocinar
- [ ] ir de compras
- [ ] ir de excursión
- [ ] acampar
- [ ] ir a la playa
- [ ] visitar pueblos pequeños
- [ ] aprender a bailar flamenco
- [ ] hacer intercambio con estudiantes españoles

Quiero _________________, _________________ y _________________
Y además quiero _________________ y _________________

K Saber 동사와 Poder 동사를 사용하여 서로 묻고 대답해 봅시다.

보기 1) ● ¿Sabes esquiar?
　　　○ Sí, sé esquiar muy bien.

1. patinar sobre hielo
2. jugar al baloncesto
3. cocinar
4. diseñar páginas web
5. conducir
6. hablar otro idioma (¿cuál?)
7. bailar salsa
8. andar en monopatín
9. pintar
10. bucear
11. montar en motocicleta
12. reparar coches
13. nadar
14. fumar

보기 2) ● ¿Puedes hacer la tarea en casa?
　　　○ No, no puedo hacer la tarea porque en casa hay muchas distracciones.

1. cenar a la hora que quieras
2. tener animales domésticos donde vives
3. ver la televisión a cualquier hora
4. dormir hasta las 10:00 de la mañana
5. escuchar música y estudiar a la vez
6. fumar en tu casa

_______________ Juanito: Mamá, tengo trece años. ¡Sé bañar al perro!
_______________ Mamá: Perfecto, pero también vas a...
_______________ Mamá: Bueno, hijo, después de bañarlo, sécalo bien.
_______________ Juanito: Ya lo sé, mamá.
_______________ Mamá: Sí, hijo, pero antes de traer al perro, prepara el agua y el jabón.
______1______ Juanito: Mamá, mamá, ¿puedo bañar a Lasi?
_______________ Juanito: Ya está todo listo, mamá.

M 다음과 같은 일상 생활에 관한 질문을 하고 서로 대답해 봅시다.

1. ¿A qué hora te levantas?
2. ¿Qué desayunas?
3. ¿Te duchas por la mañana o por la noche?
4. ¿Qué haces por las mañanas después de levantarte?
5. ¿A qué hora sales de casa?
6. ¿Cuál es tu horario de trabajo?
7. ¿Qué haces después de comer?
8. ¿A qué hora te acuestas normalmente?
9. ¿A qué hora comes?
10. ¿A qué hora cenas normalmente?
11. ¿Qué haces antes de acostarte?
12. ¿Qué haces en tu tiempo libre: sales a menudo con tus amigos, vas a la discoteca, das un paseo, haces ejercicio, ves la tele...?
13. ¿Qué haces los fines de semana: lees un libro, navegas por Internet, das una fiesta, practicas algún deporte, vas de compras...?

스페인 축제(Las Fiestas de España)

1. Fallas de Valencia(발렌시아 불꽃축제)

"Las Fallas"는 "불꽃"을 의미하며, 발렌시아에서는 거대한 판지 인형을 가리킨다. 봄을 맞아 지난 것들을 태우고 새롭게 시작한다는 의미에서 시작된 발렌시아 불꽃축제에서는 정치적 조롱이나 사회적 이슈를 담은 거대한 인형을 만들어 1등 작품을 제외하고는 성요셉 축일인 3월 19일에 모두 태우게 된다. 축제 마지막 날에는 Fallas(조형물)의 퍼레이드와 폭죽들이 터지면서 축제의 하이라이트를 즐길 수 있다.

2. San Fermín(팜플로나 소몰이 축제)

스페인 바스크 지방의 팜플로나(Pamplona)지역에서 7월 7일에 열리는 소몰이(encierro) 축제에서는 수백명의 젊은이들이 흰 셔츠와 붉은 천을 두르고 소들을 앞질러 달린다. 이 소몰이는 5분만에 끝나버리고, 다른 행사들이 많이 준비되어 있으나 이 소몰이가 산 페르민 축제를 대표하고 있다.

3. La Tomatina(부뇰의 토마토 축제)

8월의 마지막 수요일에 발렌시아의 부뇰(Buñol)에서 열리며 스페인 각지의 사람들과 전세계 관광객들이 모여 토마토를 서로 던지는 축제이다. 그 유래는 제 2차 세계대전 때 토마토 값이 폭락하여 농부들이 분노에 차 고위 정치인들에게 던지기 시작했다고 한다. 그 후 프랑코 시대에 금지되기도 했으나 프랑코가 사망한 후 다시 시작되었다고 한다. 2시간 동안 진행되는 이 축제에 쓰이는 토마토의 양이 무려 2톤이나 된다고 한다.

4. Semana Santa(부활절)

　스페인 전역에서 4월에 부활절이 있는 한주간인 "성주간"(Semana Santa)을 기념한다. 부활절 기간동안 스페인 전역에서는 성스럽고, 축제의 분위기로 가득하며, 예수님의 부활을 기리는 많은 퍼레이드들(procesiones)과 퍼폼먼스들을 볼 수 있다. 부활절 축제는 열흘간 스페인 전역에서 열리는데, 특히 세비야(Sevilla)와 말라가(Málaga) 축제가 유명하다. 여러 민족이 모여 함께 사는 스페인에서 모든 국민이 단합할 수 있는 유일한 축제가 이 성주간 축제라고 하네요.

5. Feria de abril de Sevilla(세비야 축제)

　Semana Santa(부활절) 기간이 지난 다음 주에는 세비야 축제가 시작된다. Real de la Feria de Abril 거리에서 수많은 칸막이 부스(casetas)들에서 세비야 시민들은 가족, 친지 단위로 자리를 잡아 친구들과 방문객을 맞이하며 축제를 즐기게 된다. 스페인의 여인들은 집시풍의 화려한 전통의상을 입고 말마차(coche de caballos)를 타고 거리를 누빈다. 스페인 전통 요리인 "pescaíto frito"(멸치나 대구, 고등어 등의 튀긴 생선 요리)와 전통 포도주(vino fino), 그리고 전통 셰리주(manzanilla de Sanluca)를 먹고, 스페인 전통 민속 음악인 세비야나스(sevillanas)의 음악에 맞춰 짝을 지어 춤을 추고 노래를 부른다.

Capítulo 6

En el restaurante

레스토랑에서

Las aficiones y el tiempo libre

취미생활과 여가생활

En el tren

기차역에서

- 음식
- Gustar 동사
- 감정동사 (encantar, interesar...)
- Necesitar / Querer / Preferir 동사
- 비교급
- 음식 주문하기
- 스페인 음식 문화와 타파쓰

Vocabulario y gramática

Ⓐ Comida

Carne	Pescado y Marisco	Verduras	Fruta
(la) carne de vaca	(la) merluza	(la) lechuga	(la) naranja
(el) bistec de ternera	(la) sardina	(la) patata	(la) manzana
(la) carne de cerdo	(el) bacalao	(la) zanahoria	(el) plátano
(el) pollo	(el) salmón	(el) pepino	(el) tomate
(el) cordero	(la) anchoa	(el) pimiento	(la) pera
(el) lomo	(el) atún	(la) cebolla	(la) mandarina
(la) chuleta	(la) trucha	(la) berenjena	(la) sandía
(el) huevo	(la) gamba	(la) espinaca	(la) uva
	(el) berberecho		(el) melón
	(la) ostra		(el) melocotón
	(el) mejillón		
	(el) pulpo		
	(los) calamares		

Ⓑ Verbo Gustar

(A mí)	me		
(A ti)	te	gusta	la música
(A él/ella/usted)	le	encanta	jugar al béisbol
(A nosotros/as)	nos	gustan	los ordenadores
(A vosotros/as)	os	encantan	las motos
(A ello s/ellas/ustedes)	les		

♣ Gustar와 같은 동사군: importar, doler, parecer, quedar, molestar...

♣ 좋아하는 정도 표현:

Me encanta la comida mexicana.

Me gusta muchísimo el cine.

Me gusta mucho cantar.

Me gustan bastante los helados.

No me gusta mucho viajar.

No me gusta bailar.

No me gustan nada los deportes.

Mismos gustos		Gustos diferentes	
► Me gusta/n.	▷ A mí también.	► Me gusta/n.	▷ A mí no.
► No me gusta/n.	▷ A mí tampoco.	► No me gusta/n.	▷ A mí sí.

C Sentimientos

Me interesa / preocupa / molesta Me pone triste / nervioso(a) Me divierte Me da miedo Me alegra No soporto	단수명사 동사원형	el deporte / la naturaleza bailar / viajar vivir en el campo
Me interesan / preocupan / molestan Me ponen tristes / nerviosos(as) Me divierten Me dan miedo Me alegran No soporto	복수명사	los idiomas / los viajes las películas de risa

D Necesitar / Querer / Preferir

Necesitar	Querer	Preferir
necesito	quiero	prefiero
necesitas	quieres	prefieres
necesita	quiere	prefiere
necesitamos	queremos	preferimos
necesitáis	queréis	preferís
necesitan	quieren	prefieren
· Necesitar + 동사원형 　Necesito ir al baño. · Necesitar + 명사 　Necesito un ordenador.	· Querer + 동사원형 　Quiero comprar un coche. · Querer + 명사 　Quiero una flor.	· Preferir + 동사원형 　Prefiero comer helado. · Preferir + 명사 　Prefiero helado.

Ⓔ Comparación

1. Formas regulares

- más + 형용사 + que:

  Viajar en tren es más interesante que viajar en autobús.

- menos + 형용사 + que:

  Viajar en tren es menos caro que viajar en avión.

- tan + 형용사 + como:

  Ir en metro es tan cómodo como ir en autobús.

2. Formas irregulares

- bueno/a/os/as: mejor/mejores + que
- malo/a/os/as: peor/peores + que
- grande/s: mayor/mayores + que
- pequeño/a/os/as: menor/menores + que

Ⓕ Pedir la comida

Camarero	Cliente
¿Qué desea/n? ¿Qué le/les pongo?	De primero quiero(me pone) sopa, y de segundo, pollo asado.
¿Para beber?	(Para beber), quiero(me pone) una cerveza, por favor.
¿Alguna cosa de postre?	Perdone, ¿qué hay/tienen de postre?
	Perdone, ¿me pone otra agua? Perdone, ¿me trae un poco más de pan?
	¿Cuánto es?

A 다음의 행위들을 좋아하는지 싫어하는지 서로 묻고 대답해 봅시다.

> 보기)
> ● ¿Te gusta jugar al fútbol?
> ○ A mí me encanta, ¿y a ti?
> ● A mí no me gusta mucho.

1. jugar a los bolos

2. beber cerveza

3. escalar la montaña

4. cuidar a los niños

5. comer comida picante

6. conocer gente nueva

7. ir de fiesta

8. dormir la siesta

9. madrugar

10. salir de noche

 다음은 스페인어 수업과 연관된 행위들이다. Me encanta / Me gusta mucho / Me gusta / No me gusta (nada)를 써 보고 서로 묻고 대답해 봅시다.

1. En el aula:

a. _______________ participar en conversaciones

b. _______________ ver videos

c. _______________ hablar con mis compañeros en español.

d. _______________ escuchar al profesor

e. _______________ trabajar en pareja (en grupo)

f. _______________ escuchar canciones españolas o cantar en español

g. _______________ tomar exámenes

2. Fuera del aula:

a. _______________ estudiar para los exámenes

b. _______________ escribir redacciones

c. _______________ hacer deberes de gramática

d. _______________ visitar sitios web en español

e. _______________ escuchar las actividades auditivas

f. _______________ hablar con mis amigos españoles/latinoamericanos en español

g. _______________ probar la comida española en un restaurante español

h. _______________ salir de fiesta con mis compañeros

C 다음 음식들을 보고 서로 좋아하는지 싫어하는지 음식 취향에 대해서 묻고 대답해 봅시다.

보기) ● ¿Te gustan los huevos revueltos?

○ No, a mí no me gustan. ¿Y a ti?

● A mí sí, me encantan.

---

la fruta   el pan tostado   la leche   las legumbres   el pollo frito

el bistec   el pastel de chocolate   el helado   los tacos   el café   el té

el pescado   las chuletas de cerdo   las hamburguesas   los espaguetis

las galletas   el té   la cerveza   el vino   las ensaladas   las patatas fritas

1. Me gusta levantarme tarde.
2. No me gusta maquillarme.
3. Me gusta vestirme elegante.
4. No me gusta ponerme perfume.
5. Me gusta bañarme en baños públicos.
6. No me gusta acostarme temprano.
7. Me gusta ducharme muy rápido.
8. Me gusta escuchar música antes de acostarme.
9. No me gusta mirarme en el espejo.
10. Me gusta pintarme las uñas.

E 다음 대화를 듣고 읽은 후 참인지 거짓인지 표기해 봅시다. 🎧16

Paqui : Juan, ¿qué te gusta hacer el fin de semana?
Juan : A mí me gusta salir de noche y estar con mis amigos, y también me encanta hacer deporte.
Paqui : ¿Qué deportes te gustan?
Juan : Me gustan el fútbol y el tenis. ¿Y a ti?
Paqui : A mí me gusta ir al cine, nadar y montar a caballo.
Juan : ¿Qué películas te gustan?
Paqui : Me encantan las películas de aventuras y las de risa. ¿Y a ti te gusta el cine?
Juan : Bueno, no tanto. Yo prefiero ver obras de teatro o ir a museos.

1. A Juan le gusta salir de noche con sus amigos.
2. A Juan le gusta el baloncesto.
3. A Paqui y a Juan les gusta el cine.
4. A Juan le encanta montar a caballo.
5. A Paqui le gustan las películas de amor.
6. A Juan le gusta ir al teatro.

F 각자 여가 시간에 좋아하는 것을 세 가지씩 써 봅시다.

Me encanta/n ____

Me gusta/n mucho ____

Me gusta/n bastante ____

G 다음 대화를 듣고 아래의 표를 완성해 봅시다. (17)

	le encanta/n	le gusta/n mucho	le gusta/n	no le gusta/n nada	odia
Diálogo 1					
Diálogo 2					

H 다음 목록의 활동 중 관심있는 세 가지 활동을 표시한 후 스페인어로 말해 봅시다.

¿Qué actividades te interesan?

CURSOS ESPECIALES
- Curso de flamenco
- Curso de guitarra española
- Curso de cocina española
- Curso de literatura española
- Curso de cine
- Curso de pronunciación
- Curso de gramática
- Curso de historia

EXCURSIONES
- Salida a la playa
- Visita de fin de semana a Andalucía
- Visita de fin de semana a Madrid y Toledo
- Visita de fin de semana a Barcelona y a la Costa Brava
- Visita de fin de semana a Ávila y Salamanca

보기) A mí me interesan el curso de historia, la visita a Barcelona y a la Costa Brava
y la noche de tapeo.

A mí ____

____

I Raquel은 Rubén에게 관심사와 걱정거리 및 장래의 꿈 등에 관해 인터뷰하고 있다. 대화를 듣고 정답에 표기해 봅시다.

🎧18

1. ¿Qué le interesa?

El deporte ☐

El cine ☐

La naturaleza ☐

La política ☐

La moda ☐

La ciencia ☐

La religión ☐

Los extraterrestres ☐

2. ¿ Qué le preocupa?

La violencia ☐

El medio ambiente ☐

El paro ☐

La investigación genética ☐

El futuro ☐

La injusticia ☐

3. ¿Cuáles son sus sueños?

Tener un trabajo interesante ☐

Viajar por todo el mundo ☐

Encontrar su pareja ideal ☐

Ganar mucho dinero ☐

Vivir en otro país ☐

Ser jugador profesional de fútbol ☐

1. ¿Qué temas te interesan?
   - Los viajes ☐
   - La ecología ☐
   - La naturaleza ☐
   - El cine ☐
   - La música ☐
   - La política ☐
   - La religión ☐
   - La ciencia ☐
   - Los videojuegos ☐
   - El deporte ☐
   - La moda ☐

2. ¿Qué te preocupa estos días?
   - La violencia en la escuela/familia ☐
   - El medio ambiente ☐
   - La investigación genética ☐
   - La injusticia social ☐
   - El paro ☐
   - El futuro ☐
   - La salud ☐
   - Los estudios ☐
   - Los exámenes ☐

3. ¿Qué te molesta?
   - La gente que fuma en la calle ☐
   - El ruido ☐
   - Los atascos ☐
   - Los niños que chillan ☐
   - Los hombres mentirosos ☐
   - Los políticos mentirosos ☐
   - La música demasiado alta ☐
   - La gente ruidosa ☐

4. ¿Qué cosas te dan miedo?
   - Las tormentas ☐
   - Las películas de terror ☐
   - Los perros ☐
   - Subir a la montaña rusa ☐
   - Viajar solo/a ☐
   - Subir a lugares altos ☐
   - Andar por la calle de noche ☐

5. ¿Qué te divierte mucho?
   - Las películas de terror ☐
   - Las películas de risa ☐
   - Las fiestas ☐
   - Bailar ☐
   - Los viajes ☐
   - Las tardes de fútbol ☐

6. ¿Cuáles son tus sueños?
   - Tener un trabajo interesante ☐
   - Viajar por todo el mundo ☐
   - Conocer a personas interesantes ☐
   - Vivir en otro país ☐
   - Ganar mucho dinero ☐
   - Comprar mi propia casa ☐
   - Hablar español perfectamente ☐

K 다음의 음식을 각각 분류해 봅시다.

> queso cordero atún fresas ternera yogur calabacín sardinas
> lechuga coliflor uvas leche naranjas pollo peras
> manzanas cebollas chuletas de cerdo gambas jamón
> mejillones pimiento chorizo ajos merluza plátanos

Verduras	Frutas	Carne	Pescados y mariscos	Productos lácteos

L 다음 음식들을 표에 각각 분류해 봅시다.

> Arroz con leche   Lentejas   Paella   Sardinas a la plancha
> Merluza a la romana   Tortilla de patatas   Yogur   Arroz a la cubana
> Fruta del tiempo   Bistec con patatas   Helado   Gazpacho
> Sopa de marisco   Ensalada de verduras   Cocido madrileño
> Calamares a la romana   Flan   Pulpo a la gallega   Macarrones

Primeros	Segundos	Postres

M 레스토랑에서의 대화를 듣고 메뉴판을 보고 표를 완성해 봅시다.

	David	Verónica
De primero		
De segundo		
¿Necesitan algo más?		
De postre		
Para beber		

Menú del día

--------- **Primeros** --------
Paella
Guisantes con jamón
Ensalada mixta
-------- **Segundos** --------
Escalope con patatas
Pollo asado
Trucha con jamón
-------- **Postres** --------
Fruta del tiempo
Arroz con leche

N **M**의 대화 내용을 다시 듣고 동료들끼리 연습해 봅시다.

Camarera	: ¿Qué van a tomar?
David	: Pues yo, de primero, guisantes con jamón. Y de segundo, escalope. ¿De qué es el escalope?
Camarera	: De ternera, muy bueno. Y lleva patatas.
David	: Vale, pues un escalope con patatas.
Camarera	: ¿Y usted?
Verónica	: Yo... ¿La ensalada qué lleva?
Camarera	: Es una ensalada mixta: lechuga, tomate, cebolla, atún, huevo duro...
Verónica	: Vale, pues yo una ensalada mixta de primero, y de segundo, trucha con jamón.
Camarera	: Perfecto. ¿Y de beber?
Verónica	: ¿Tomamos vino?
David	: Sí, un poco de vino y agua.
Camarera	: ¿Vino tinto?
David	: Sí.

----- Media hora después -----

David	: Oiga, un poquito más de pan, por favor.
Camarera	: Ahora se lo traigo. ¿Qué van a querer de postre?
David	: Pues yo arroz con leche.
Verónica	: ¿Cuál es la fruta del tiempo?
Camarera	: Melón y sandía.
Verónica	: Pues yo, melón. ¿Y nos trae unas servilletas, por favor?
Camarera	: Enseguida.

○ 다음은 기차역에서의 대화이다. 녹음을 듣고 아래 기차표를 완성해 봅시다.

Cliente	: Buenas tardes.
Taquillera	: Buenas tardes, dígame.
Cliente	: Mire, necesito información sobre los trenes de Madrid a Barcelona.
Taquillera	: ¿Para qué día?
Cliente	: Para el 15 de agosto.
Taquillera	: Hay un tren que sale a las 10:00 de la mañana y llega a las 12:30.
Cliente	: ¿Hay alguno por la tarde?
Taquillera	: Sí, hay uno que sale a las 3:30 de la tarde y llega a Barcelona a las 6:00.
Cliente	: Me interesa más el de la tarde. ¿Puedo reservar una plaza?
Taquillera	: Sí, claro. ¿Ida y vuelta?
Cliente	: Sí.
Taquillera	: ¿Ventanilla o pasillo?
Cliente	: Pasillo, por favor.
Taquillera	: ¿Fumador o no fumador?
Cliente	: Prefiero de no fumador.
Taquillera	: ¿Asiento o litera?
Cliente	: Litera.
Taquillera	: Perfecto, aquí tiene el billete. Vagón 14 y asiento 38.
Cliente	: ¿Cuánto es?
Taquillera	: Son 10,50 euros.
Client	: Aquí tiene, muchas gracias.
Taquillera	: Gracias a usted.

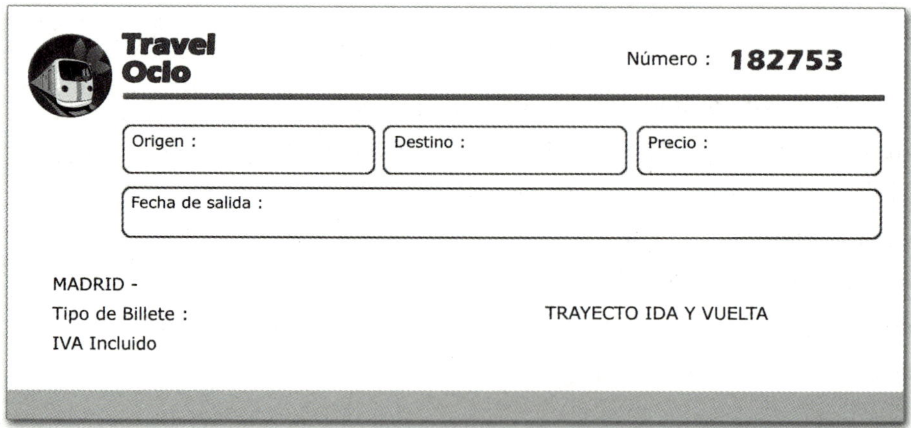

P 다음과 같은 질문에 스페인어로 묻고 대답해 봅시다.

1. ¿Cómo es tu hermano/a? Compáralo contigo.
   ¿Es más/menos alto/a que tú? ¿Es más/menos delgado/a que tú?
   ¿Es mayor/menor que tú? ¿Es más/menos trabajador/a que tú?

   ____

2. ¿Te gusta el cine? ¿Qué películas te gustan?

   ____

3. ¿Te gusta escuchar música? ¿Qué tipo de música te gusta? ¿El pop, el jazz, la música clásica, la ópera...?

   ____

4. ¿Te gustan los deportes? ¿Qué deportes te gustan? ¿El fútbol, el baloncesto, el tenis...?

   ____

5. ¿Qué te gusta hacer en tu tiempo libre?

   ____

6. ¿Qué desayunas normalmente?

   ____

7. ¿Dónde sueles comer? ¿A qué hora comes normalmente? ¿Qué te gusta comer?

   ____

8. ¿Te gusta comer en casa o prefieres salir a comer? ¿Cuál es tu restaurante favorito?

   ____

9. ¿A qué hora cenas normalmente? ¿Qué prefieres cenar, bistec o pescado? ¿Sales a cenar los fines de semana?

   ____

10. ¿Te gusta cocinar? ¿Qué tipo de comida sabes cocinar?

   ____

11. ¿Te gusta comer verduras? ¿Eres vegeteriano/a?

   ____

12. ¿Te gustan los dulces? ¿El chocolate o los pasteles?

   ____

13. ¿Te gusta la clase de español? ¿Qué te gusta hacer en clase? ¿Qué no te gusta hacer en clase?

   ____

스페인의 음식 문화(Gastronomía de España)와 타파쓰(Tapas)

스페인의 음식 문화는 건강에 유익한 지중해 식단(dieta mediterránea)으로 세계적으로도 정평이 나있다. 특히 올리브유(aceite de oliva)의 풍부한 사용은 스페인 식단에서 빼놓을 수 없는 중요한 재료이다. 다른 유럽 국가들과는 다르게 야채와 채소의 사용은 두드러지게 높다. 주식은 빵(pan)으로 모든 음식에는 와인(vino)이 동반된다. 주요 양념으로는 올리브유(aceite de oliva), 식초(vinagre), 소금(sal)을 사용한다. 후식으로는 신선한 제철 과일(fruta fresca de temporada)와 유제품(lácteos)을 많이 먹으며 특별한 날에는 케이크(pasteles)나 파이(tartas)를 즐긴다.

스페인 사람들의 식사 시간을 나누어 보면, 아침은 약 9시 ~12 사이에 먹는데 우리 나라의 브런치의 개념으로 이해하면 된다. 점심은 약 2시 ~5시 사이에, 저녁은 약 9시 ~11시 사이에 먹는다. 아침 식사는 대부분 가볍게 밀크 커피(café con leche)와 토스트(tostada), 혹은 샌드위치(bocadillo)나 과자(galletas)등을 곁들어 가볍게 먹는다. 점심은 스페인에서 가장 중요하게 생각하고 무겁게 먹는 식사로, 전채 요리(primero), 메인 요리(segundo plato) 그리고 후식(postre)과 함께 먹는 경향이 있다. 반드시 와인을 곁들어 식사하는 것이 관례이고 후식으로는 커피를 주로 마신다. 하루의 마지막 식사인 저녁은 주로 가볍게 먹으며, 스프, 샐러드류, 혹은 달걀 요리, 치즈, 과일 등을 먹는다. 저녁 식사 하기까지 시간이 너무 길어, 약 6시 경이 되면, 아이들은 간식(merienda)을 먹고, 어른들은 술과 곁들여 tapas(애피타이져, 스낵류)를 주로 먹는다.

tapa는 스페인에서 전통적으로 바나 레스토랑에서 술과 함께 먹는 애피타이져, 스낵류라고 할 수 있다. 아주 작은 양으로 1인분에 해당 되는 간식과 같다. 통상적으로 tapa를 먹는 방식은 음료와 함께 한 두 개의 tapa를 먹고 나서 또다시 다른 바로 옮기고, 계속 같은 방법을 되풀이하는 방식으로 진행된다. 그래서 이러한 스페인의 식습관을 tapeo라고 부른다. 즉 동사형은 "Ir de tapas"로 "Vamos de tapas"(따빠 먹으러 가자)라고 줄곧 말하는 것을 쉽게 볼 수 있을 것이다. 사람들이 원하는 대로 시간에 상관없이 밤새도록 바가 열려있을 때까지 tapeo를 할 수 있다.

스페인의 대부분의 지역에서는 이러한 "tapeo"를 기본으로 해서 점심이나 저녁 식사를 하는 경향이 있으므로, 가끔 스페인의 식습관을 모르는 사람들은 "tapeo"를 하다가 배고파 지쳐버리는 등의 문화적인 충격을 경험할 수 있을 것이다. 최근에는 많이 여러 바로 옮겨 다니며 "tapeo"를 하는 것보다는 주로 한 곳에 머무르면서 여러 종류의 tapas나 raciones(좀 더 많은 양의 tapas, una tapa가 1인분이면, una ración은 약 2인분에 해당되는 양)을 한꺼번에 시켜서 먹는 경우가 많다. 이러한 "tapa" 음식 문화는 스페인의 정체성을 대표할 수 있는 스페인 고유의 중요한 식습관으로 자리잡았으며, 특히나 다른 나라의 귀빈이나 고위 인사들이 방문할 때는 스페인 음료와 함께 tapa를 대접한다고 한다.

Capítulo 7

Preguntar el camino
길묻기

El barrio donde yo vivo
내가 사는 동네

- 장소
- Estar / Haber 동사
- 방향 부사구
- 방향 묻기
- 스페인 영화와 페드로 알모도바르

Vocabulario y gramática

A Lugares

Servicios	Ocio	Alimentación
(el) hospital	(el) parque	(la) carnicería
(la) farmacia	(el) centro comercial	(la) frutería
(la) librería	(el) restaurante	(la) pescadería
(la) biblioteca	(el) bar	(la) panadería
(el) quiosco	(el) polideportivo	(el) supermercado
(la) peluquería	(el) gimnasio	(la) pastelería
(la) comisaría	(el) cine	(la) heladería
(el) banco	(el) teatro	(la) pizzería
(la) gasolinera	(la) piscina	(la) hamburguesería
(el) hotel	(la) cafetería	(el) mercado
Correos		

B Verbo Estar / Haber

Estar		Haber
estoy		
estás		● ¿Qué hay cerca de tu casa?
está	● ¿Dónde está el hospital?	○ Hay un parque y una
estamos	○ Está delante del mercado.	biblioteca.
estáis	Hay + 단수 / 복수명사	
están		

C Dirección

Dirección	
debajo de	cerca de
sobre	lejos de
encima de	a la izquierda de
detrás de	a la derecha de
delante de	en el centro
enfrente de	entre A y B
al lado de	alrededor de
al otro lado de	aquí
dentro de	ahí
fuera de	allí

D Pedir información sobre direcciones

Pregunta
¿sabes/sabe si hay alguna farmacia (por) aquí cerca?
¿sabes/sabe si el hospital está (por) aquí cerca?
Perdone, ¿dónde está la parada de autobús?
¿está lejos de aquí la estación de metro?
¿el cine está en esta calle?

Respuesta

Está a unos 20 minutos a pie/en metro/en coche/en tren/en autobús...

Está a unos 300 metros de aquí.

	muy lejos.		al final de la calle.
	bastante lejos.		en la primera a la izquierda.
	un poco lejos.		en la segunda a la derecha.
Está	bastante cerca.	Está	al lado de la farmacia.
	muy cerca.		enfrente de la universidad.
	aquí al lado.		en la misma plaza.
	aquí mismo.		justo en la esquina.

A 다음 문장을 읽고 당신이 살고 있는 동네에 해당되는 문장에 표시를 해 봅시다.

☐ Mi barrio es muy bonito.
☐ Mi barrio es bastante feo.
☐ Mi barrio es muy tranquilo.
☐ Mi barrio es un poco ruidoso.
☐ Mi barrio es muy limpio.
☐ Mi barrio es bastante sucio.
☐ En mi barrio las calles son estrechas.
☐ En mi barrio las calles son anchas.
☐ Mi barrio está cerca del centro.
☐ Mi barrio está lejos del centro.
☐ En mi barrio hay poco ambiente.
☐ En mi barrio hay mucho ambiente.
☐ En mi barrio hay muchas zonas verdes.
☐ En mi barrio hay pocas zonas verdes.
☐ En mi barrio hay muchos bares y restaurantes.
☐ En mi barrio hay pocos bares y restaurantes.
☐ En mi barrio hay algunas plazas.
☐ En mi barrio no hay ninguna iglesia.

B 당신이 사는 동네에 대해 다음 보기와 같이 작문해 봅시다.

Yo vivo en el barrio ________________________________ y está cerca / lejos del centro.

Mi barrio es muy / bastante ____________________ y es un poco ______________.

En mi barrio hay ____.

Y no hay ningún / ninguna ______________________________.

Lo que más me gusta de mi barrio es que ____________________.

Lo que menos me gusta de mi barrio es que __________________.

> **보기)** Yo vivo en el barrio de Santander. Es un barrio antiguo y con mucho ambiente. Es un poco sucio y bastante ruidoso porque hay muchos bares y restaurantes. A mí me encanta mi barrio. Lo que más me gusta es que está muy cerca del centro y lo que menos me gusta es que no tiene ningún parque.

C Ester와 Toni는 자신의 동네에 대해 이야기 하고 있다. 듣고 다음 문장이 참인지 거짓인지 말해 봅시다. 21

1. Ester vive en un barrio muy moderno.
2. El barrio de Toni está un poco lejos del centro.
3. El barrio de Ester está cerca del mar.
4. A Toni le encanta pasear por su barrio.
5. El barrio de Ester es muy ruidoso.
6. Lo que más le gusta a Toni de su barrio es que tiene un gimnasio.
7. El barrio de Ester es muy turístico.
8. En el barrio de Toni hay un parque.

Diálogo 1

- Perdone, ¿el cine está en esta calle?
- Sí, está al final de la calle. Sigues todo recto hasta la plaza y está en la misma plaza, a la izquierda.

Diálogo 2

- Perdona, ¿sabes si Correos está por aquí cerca?
- ¿Correos? Sí, mira. Sigues todo recto y lo encontrarás al final de esta calle, al lado de la universidad.

Diálogo 3

- Perdone, ¿sabe si hay alguna farmacia por aquí cerca?
- Sí, a ver... Está en la segunda a la derecha. Está justo en la esquina.

Diálogo 4

- Perdona, ¿sabes si hay alguna estación de metro cerca?
- Cerca no hay ninguna. Hay una, pero está un poco lejos, a unos quince minutos de aquí andando.

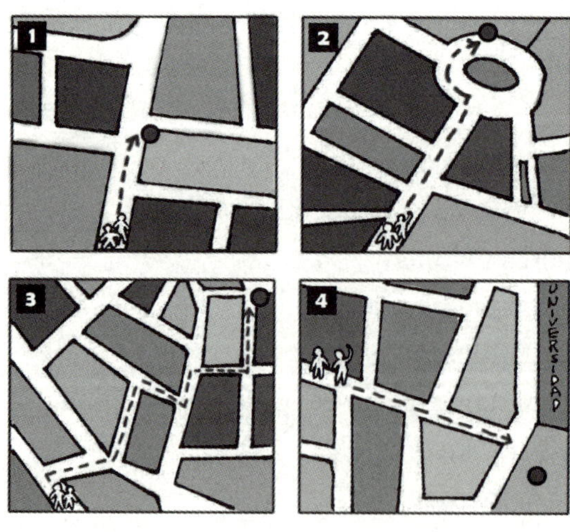

E 친구에게 자신의 집을 찾아오는 길을 스페인어로 설명해 봅시다.

Mi casa está en el barrio ______________ y está muy / bastante / un poco ______________ de la escuela. Está a unos ______________ minutos en metro / en autobús / a pie. Primero coges el metro, la línea ______________ en la estación de metro y bajas en la estación ______________. Luego sales por la salida ______________ y caminas unos ______________ minutos. Mi casa está ____.

F 다음과 같은 질문에 스페인어로 묻고 대답해 봅시다.

1. ¿En qué barrio vives?

____

2. ¿Está cerca o lejos de la escuela?

____

3. ¿Cómo es tu barrio? ¿Es bonito o feo? ¿Es tranquilo? ¿Es limpio o sucio? ¿Hay mucho ambiente?

____

4. ¿Qué hay en tu barrio? ¿Y qué cosas no hay?

____

5. ¿Qué es lo que más te gusta de tu barrio? ¿Y lo que menos te gusta?

____

6. ¿Cuál es tu barrio favorito? ¿Por qué?

____

7. ¿En Corea hay muchos barrios bonitos y turísticos? ¿Cuáles son?

____

스페인 영화의 거장 페드로 알모도바르(Pedro Almodóvar)

    스페인 출신의 세계적인 영화 감독으로 "신경쇠약 직전의 여자"(1988)가 흥행하며 스페인의 국민감독으로 부상했으며, 최근작으로는 "내가 사는 피부"(2011) 등이 있다. 그의 영화는 독특하고 아름다운 색감과 기발하면서도 평범하지 않는 이야기와 성적인 유머를 가미하여 스페인의 대표적인 정서를 가장 잘 보여준다. 특히 그의 작품마다 스페인의 전통 음식이나 스페인의 노래 등을 삽입하여 영화를 보는 재미를 더해 주기도 한다. 그의 대표작들을 정리해 보면 다음과 같다.

1. 신경 쇠약 직전의 여자(1988, *Mujeres al borde de un ataque de nervios*)
2. 하이힐(1991, *Tacones lejanos*)
3. 내 비밀의 꽃(1995, *La flor de mi secreto*)
4. 라이브 플래쉬(1997, *La carne trémula*)
5. 내 어머니의 모든 것(1999, *Todo sobre mi madre*)
6. 그녀에게(2002, *Hable con ella*)
7. 나쁜 교육(2004, *La mala educación*)
8. 귀향(2006, *Volver*)
9. 브로큰 임브레이스(2009, *Los abrazos rotos*)
10. 내가 사는 피부(2011, *La piel que habito*)
11. 스탠바이 러버스(2013, *Los amantes pasajeros*)

그 외에 스페인 감독 Alejandro Amenábar 감독의 몇 작품과 중남미 대표작들도 정리해 보자.

1. 오픈 유어 아이즈(1999, *Abre los ojos*)
2. 디 아더스(2001, *Los otros*)
3. 씨 인사이드(2007, *Mar adentro*)
4. 산타렐라 패밀리(2008, *Chef's special*)
5. 하몽하몽(1992, *Jamón Jamón*)
6. 달콤쌉싸름한 초콜렛(*Como agua para chocolate*, 멕시코, 1992)
7. 노라 없는 5일(*Cinco días sin Nora*, 멕시코, 2008)
8. 엘 시크레토(*El secreto*, 아르헨티나, 2009)

Capítulo 8

La casa donde yo vivo

내가 사는 집

- 주거지역
- Ser / Tener / Estar / Dar 동사
- 집과 가구들
- 스페인 노래 "Nuestro cuarto"

A Vivienda

Tipo de vivienda	Estar
un chalé un piso un estudio una casa	en el centro de la ciudad en el centro histórico un poco lejos del centro en las afueras en el campo en la costa en la sierra

Ser	Tener
céntrico/a luminoso/a exterior interior tranquilo/a muy grande no muy caro/a acogedor/a espacioso/a cómodo/a cálido/a frío/a clásico/a oscuro/a	mucho espacio una/dos/tres... habitaciones garaje terraza jardín un salón grande chimenea un/dos... baños una cocina grande piscina

Dar
Da a la calle (peatonal) Da al parque Da a la playa Da a un mercado Da a un patio

salón	dormitorio	baño	cocina	estudio
(el) sofá (el) sillón (la) alfombra (la) mesa del televisor	(el) armario (la) cama (la) cómoda (la) mesilla de noche (la) almohada	(el) lavabo (la) bañera (el) váter (el) bidé (la) ducha (el) espejo	(la) mesa (la) silla (la) estufa (el) lavavajillas (la) lavadora (el) frigorífico (el) horno (el) microondas (el) fregadero	(el) ordenador (el) escritorio (la) estantería

C **Material**

una mesa de aluminio/madera/metal/cristal/mármol/plástico/piedra...

un armario metálico

una silla metálica

una casa de madera/piedra/ladrillo...

- ¿De qué es esta silla?
- Es de aluminio.

Actividades

A Julián과 Rebeca의 대화를 듣고 질문에 대답해 봅시다. 

Julián : ¿Dónde vives?

Rebeca : Vivo en un piso pequeño en el centro de la ciudad. Es muy céntrico. Y tiene 50 metros cuadrados.

Julián : ¿Cómo es?

Rebeca : Es nuevo, moderno y muy bonito. Es exterior. Tiene mucha luz.

Julián : ¿Tiene ascensor?

Rebeca : Sí, tiene ascensor.

Julián : ¿Cuántas habitaciones tiene?

Rebeca : Dos habitaciones, un salón, una cocina y un cuarto de baño.

Julián : ¿Tiene terraza?

Rebeca : Sí, una terraza muy agradable, de 15 metros cuadrados. Está muy bien, porque tiene mucho sol y unas vistas muy bonitas.

Julián : ¿Tiene calefacción?

Rebeca : Sí, calefacción central y agua caliente. Además, tiene garaje y aire acondicionado.

Julián : ¿Y es tranquilo?

Rebeca : No mucho, porque da a una calle peatonal.

Julián : ¿Está lejos del trabajo?

Rebeca : No, está muy cerca, a unos diez minutos andando.

Julián : ¿Es muy caro el alquiler?

Rebeca : No, es muy barato: 550 euros al mes.

1. ¿Cómo es su piso?

2. ¿Cuántas habitaciones tiene?

3. ¿Es interior?

4. ¿Es tranquilo o ruidoso? ¿Por qué?

5. ¿Tiene ascensor y garaje?

6. ¿Está lejos del trabajo?

7. ¿Es barato el alquiler? ¿Cuánto cuesta al mes?

B 상대방의 주거 지역에 대해 스페인어로 다음과 같이 질문에 봅시다.

¿Cómo es tu vivienda?

1. ¿Vives en una casa, un piso, un estudio, un chalé...?
2. ¿En qué piso vives? ¿Tiene ascensor?
3. ¿Es grande o pequeño/a?
4. ¿Es céntrico/a o está lejos del centro?
5. ¿Está bien comunicado?
6. ¿Está lejos del trabajo?
7. ¿Es soleado/a?
8. ¿Es interior o exterior?
9. ¿Es tranquilo/a o ruidoso/a?
10. ¿Es antiguo/a o moderno/a?
11. ¿Es espacioso/a?
12. ¿Cuántas habitaciones tiene?
13. ¿Es grande el salón?
14. ¿Cuántos baños tiene?
15. ¿Tiene garaje para dos coches?
16. ¿Tiene patio o terraza? ¿Cómo es? ¿Es bonito?
17. ¿Tiene piscina?
18. ¿Tiene una cocina grande?
19. ¿El alquiler es caro o barato?
20. ¿Tienes tu propia habitación o compartes habitación con alguien? ¿Con quién?
21. ¿ Tu habitación da a la calle / un jardín / una montaña?

C 상대방의 주거 지역에 대해 다음과 같이 작문해 봅시다.

Vive en ____.

Su casa es ____.

Está ____.

Tiene ____.

Da a ____.

D 다음 가구들을 표에 각각 분류해 봅시다.

> sofá   lavadora   cama   lavabo   bañera   sillón
> mesilla de noche   váter   almohada   frigorífico   estantería
> cómoda   alfombra   espejo   horno   lavavajillas   fregadero
> armario   escritorio   cocina eléctrica   mesa   silla   ducha

salón	dormitorio	baño	cocina	estudio

E 다음 단어들 중 연관성이 없는 단어를 선택해 봅시다.

La ducha	El frigorífico	La lavadora	El salón	El armario
La cama	El fregadero	El sillón	La mesa	La estantería
La bañera	El váter	La alfombra	La silla	El sofá
El lavabo	La cocina	El sofá	La estantería	El dormitorio

F 다음의 행위를 집의 어느 공간에서 하는지 각자 표에 분류해 봅시다.

¿En qué lugar de casa haces cada una de estas actividades?

- estudiar
- estar con los amigos
- jugar con tus hijos / amigos
- maquillarte / afeitarte
- desayunar
- ducharte
- descansar
- tomar el sol
- escuchar música
- leer
- hacer los deberes
- reunirte con la familia
- cocinar
- leer libros
- hablar con tus amigos por el móvil
- vestirte
- usar el ordenador
- ver la televisión
- echar la siesta
- comer
- lavarte los dientes

El salón	La cocina	El dormitorio	El baño

G 네 명의 사람들이 자신의 집에서 가장 좋아하는 공간에 대해 말하고 있다. 듣고 다음 표를 완성해 봅시다.

Nombre	Lugar favorito	Actividades	Mueble favorito
Ana			
Pepe			
Fiona			
Jorge			

H 다음 질문에 각자 스페인어로 대답해 봅시다.

1. ¿Cuál es tu lugar favorito?

____

2. ¿Por qué te gusta ese lugar? ¿Qué haces normalmente allí?

____

3. ¿Qué muebles o aparatos electrónicos hay en tu dormitorio?
   De todos los muebles que tienes, ¿cuál es tu favorito? ¿Cuál es el aparato más útil que tienes en tu casa? ¿Por qué?

____

 다음 질문에 스페인어로 대답해 봅시다.

1. ¿Eres ordenado/a?

2. ¿Tienes novio/a?

3. ¿Lavas los platos después de comer?

4. ¿Te gustan los animales? ¿Tienes alguno?

5. ¿Estudias o trabajas?

6. ¿Te gusta hacer fiestas en casa?

7. ¿Te gusta escuchar música muy alta?

8. ¿Sabes cocinar?

9. ¿Fumas?

10. ¿Te gusta salir de noche a menudo?

11. ¿Hablas mucho por teléfono?

12. ¿Tienes alguna religión? (católico / protestante / ateo)

13. ¿Te gusta ver la tele? ¿Qué tipo de programas?

14. ¿Te gusta madrugar?

15. ¿Sabes barrer?

16. ¿Sabes poner la lavadora?

🎧 25

스페인 가수 Cecilia의 "Nuestro cuarto"라는 노래를 듣고 빈 칸을 가구 단어로 채워 봅시다.

Nuestro cuarto tiene
la __________ y una __________ ,
que da a un patio claro
una __________ y un __________ .
Tiene las paredes húmedas y frías
y un ___________ dorado de la virgen
María.

Aquí reímos, aquí lloré
y perdí lo que soy.
Fui casi sin querer.

Nuestro cuarto guarda
el eco de tus palabras,
humo de cigarro
música de radio.

Y ese __________ roto
que era tuyo y mío,
hoy se encuentra solo
hoy está vacío.

Aquí reímos, aquí lloré
y perdí lo que soy.
Fui casi sin querer.

Nuestro cuarto esconde
tus sueños bajo la __________ .
Nuestros años mejores
se quedaron en nada.

El aire que respiro,
que es el mismo de siempre.
Lleva tu olor prendido
pero todo es diferente.

Aquí reímos, aquí lloré
y perdí lo que soy.
Fui casi sin querer.

Capítulo 9

En el hospital

병원에서

- 신체부위
- Doler 동사
- Estar / Tener 동사
- 충고하기
- 마리아치 / 멕시코 노래 "Las mañanitas"

A Cuerpo

Cuerpo	
(la) cabeza	(la) garganta
(el) pelo	(el) pecho
(la) oreja	(el) estómago
(la) cara	(la) pierna
(la) mejilla	(el) muslo
(la) ceja	(la) rodilla
(el) ojo	(el) pie
(la) nariz	(el) tobillo
(la) boca	(la) muñeca
(el) labio	(el) codo
(la) barbilla	(el) dedo
(la) mano	(el) hombro
(el) brazo	(la) cadera
(la) espalda	(el) culo
(la) cintura	(el) diente
(el) cuello	(la) frente

Ⓑ Verbo Doler

· doler(통증을 주다)동사는 gustar 동사군으로 3인칭 단수와 복수동사만 쓰인다.(duele/duelen)
· doler동사 뒤에는 반드시 정관사가 있는 신체부위가, tener dolor de는 정관사가 없는 신체부위가
  온다.
· estar동사는 반드시 형용사를 동반한다.

Me Te Le	duele	la cabeza el estómago la espalda
Nos Os Les	duelen	las muelas los oídos los ojos

Estar	enfermo/a resfriado/a mareado/a cansado/a pálido/a estresado/a

Tener	fiebre tos gripe frío calor náuseas mala cara	
dolor de		cabeza muelas espalda oído

Ⓒ Dar consejos

(Para adelgazar) (Si quiere/s adelgazar)	Consejos impersonales
	lo mejor es comer menos. va (muy) bien hacer deporte. es bueno cenar poco.
	Consejos personales
	tiene/s que desayunar fruta. debe/s hacer más deporte. debería/s andar mucho. puede/s hacer dieta. intente/a comer menos grasa.

Actividades

A 다음 그림의 사람들의 증상을 스페인어로 말해 봅시다.

1. Le duele la cabeza.

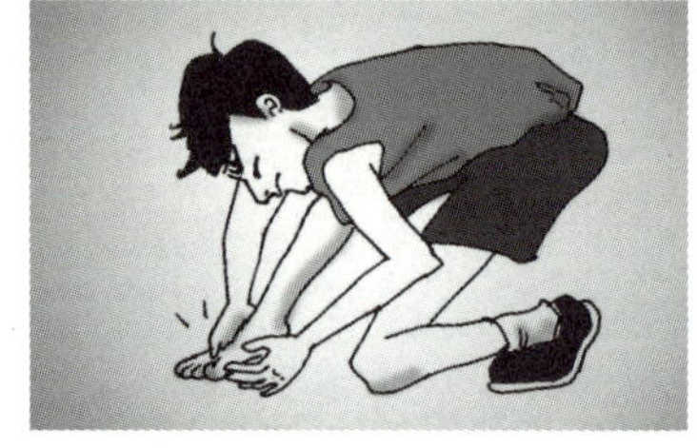

2. _______________________

3. _______________________

4. _______________________

5. _______________________

6. _______________________

7. _______________________

8. _______________________

B Doler 동사와 신체부위를 서로 연결해 봅시다.

· Me duele

· Me duelen

· Las piernas
· La nariz
· Los brazos
· La espalda
· El cuello
· Los dedos
· El estómago

C Doler 동사와 Tener dolor 구문을 서로 연결해 봅시다.

1. Me duele
2. Te duele
3. Le duele
4. Nos duele
5. Os duele
6. Les duele

a. Jaime tiene dolor
b. Tenemos dolor
c. Sara y Lucía tienen dolor
d. Tengo dolor
e. Tienes dolor
f. Tenéis dolor

D 통증과 증상에 대해 말하기 위하여 다음 단어들을 표에 완성해 봅시다.

la cabeza	pies	tos	los oídos
cabeza	el estómago	fiebre	náuseas
las muelas	estómago	la espalda	enfermo/a
muelas	mareado/a	espalda	diarrea
los pies	resfriado/a	oídos	pálido/a

le duele	le duelen	tiene dolor de	tiene	está

La madre : ¡José! ¡Despierta, que son ya las siete!

José : Ay... Mamá... Es que hoy no puedo ir al instituto, estoy muy enfermo.

La madre : ¿Qué te pasa, hijo?

José : _____________ mucho la cabeza y tengo mucha fiebre.

La madre : ¿Tienes gripe?

José : Creo que no. Ahora _____________ las piernas y los brazos.

La madre : ¿Y también _____________ el estómago?

José : Sí, _____________ mucho.

La madre : ¡Vaya! Supongo que también _____________ las muelas.

José : Sí, _____________ muchísimo.

La madre : ¡Ah! Hoy tienes una fiesta en casa de Pedro. Pero si estás enfermo no puedes ir. Tú quédate en la cama, que yo llamo al médico.

José : ¿Al médico? Espera, ¿a qué hora es la fiesta?

La madre : A las cinco. Pero si _____________ las piernas no puedes ir a la fiesta.

José : ¿Las piernas? A mí no _____________ las piernas...

La madre : Entonces también puedes ir al instituto, ¿no?

F 다음 대화체를 듣고 알맞은 단어로 문장을 완성시켜 봅시다.

1. Tiene mucha _____________ y no ha podido dormir nada.

2. Está _____________ y quiere sentarse.

3. Le duelen muchísimo _____________ y no puede caminar nada.

4. Le duele mucho _____________ y se ha tomado una aspirina.

5. Le duele mucho _____________ porque le sentó mal la comida.

G 다음과 같은 질문에 스페인어로 묻고 대답해 봅시다.

1. ¿Te duele a menudo la cabeza? ¿Qué tomas cuando te duele?

   ____

2. ¿Te duelen a menudo las muelas? ¿Con qué frecuencia vas al dentista?

   ____

3. ¿Te duele a menudo la espalda? ¿Qué haces cuando te duele?
   ¿Te gusta que te den masajes?

   ____

4. ¿Eres alérgico/a a alguna comida?

   ____

5. ¿Con qué frecuencia coges la gripe? ¿Vas al médico cuando tienes gripe?

   ____

6. ¿Cuál es la parte del cuerpo en la que te fijas primero cuando ves a una persona?

   ____

7. ¿Cuál es la parte del cuerpo que te gusta más de ti?

   ____

마리아치(Mariachi)

마리아치(Mariachi)는 멕시코의 대표적인 전통 악단 및 음악을 일컫는 말로 주로 큰 행사나 야외 파티, 가족 행사 등에서 흥을 돋우거나 사랑의 세레나데 혹은 생일 축하 노래 등을 연주하는 남성 그룹이다. 멕시코에서 생일 파티에서 마리아치 악단이 주로 부르는 "Las mañanitas"를 배워 보도록 하자.

Estas son las mañanitas
que cantaba el rey David.
Hoy por ser día de tu santo
te las cantamos a ti.

Despierta, mi bien, despierta,
mira que ya amaneció.
Ya los pajaritos cantan,
la luna ya se metió.

Qué linda está la mañana
en que vengo a saludarte,
venimos todos con gusto
y placer a felicitarte.

El día en que tú naciste
nacieron todas las flores.
En la pila del bautismo
cantaron los ruiseñores.

Ya viene amaneciendo
ya la luz del día nos dio.
Levántate de mañana
mira que ya amaneció.

Si yo pudiera bajarte
las estrellas y un lucero
para poder demostrarte
lo mucho que yo te quiero.

Con jazmines y flores
este día quiero adornar.
Hoy por ser día de tu santo
te venimos a cantar.

Capítulo 10

De compras

쇼핑

- 쇼핑 장소
- 목적격 대명사
- 지시 형용사 / 지시 대명사
- 부정 형용사 / 부정 대명사
- Parecerle / Quedarle 동사
- 상점에서
- 멕시코 화가 프리다 칼로 / 노래 "Llorona"

A De compras

Lugares	Productos que se compran
(la) tienda de electrodomésticos	electrodomésticos
(la) tienda de deportes	ropa deportiva
(la) tienda de muebles	muebles
(la) tienda de ropa de hombre	ropa de hombre
(la) tienda de ropa de mujer	ropa de mujer
(la) zapatería	zapatos
(la) joyería	joyas
(la) perfumería	perfumes, cosméticos
(la) papelería	papel, postales
(la) librería	libros
(la) floristería	flores
(la) heladería	helados
(la) carnicería	carne
(la) panadería	pan
(la) pastelería	pasteles
(la) frutería	frutas
(la) farmacia	medicamentos
(el) quiosco	revistas
Correos	sellos
(el) centro comercial	
(los) grandes almacenes	
(el) mercado	
(el) supermercado	

B Pronombre de complemento

	1인칭	2인칭	3인칭	
			남성	여성
단수	me	te	lo	la
복수	nos	os	los	las

¿Dónde puedo comprar un jersey?	¿Dónde puedo comprar unos huevos?
- Puedes comprarlo en la tienda de ropa.	- Puedes comprarlos en el supermercado.
- Lo puedes comprar en la tienda de ropa.	- Los puedes comprar en el supermercado.
¿Dónde puedo comprar una tarta?	¿Dónde puedo comprar unas manzanas?
- Puedes comprarla en la pastelería.	- Puedes comprarlas en la frutería.
- La puedes comprar en la pastelería.	- Las puedes comprar en la frutería.

C Pronombre demostrativo

	남성	여성
단수	este / ese / aquel	esta / esa / aquella
복수	estos / esos / aquellos	estas / esas / aquellas

중성 지시 대명사

Esto	¿Qué es esto? Un libro
Eso	¿Qué es eso? Un pájaro
Aquello	¿Qué es aquello? Un avión

 Pronombre indefinido

	부정 형용사		부정 대명사	
	긍정	부정	긍정	부정
단수	algún / alguna	ningún / ninguna	alguno / alguna	ninguno / ninguna
복수	algunos / algunas	-	algunos / algunas	-
Aquí hay algo. No se ve nada. Aquí no hay nadie.			algo (물건)	nada (물건)
			alguien (사람)	nadie (사람)

ⓔ **Dar mi opinión**

El vestido La falda	me parece te queda	(muy) bonito/a(s) (demasiado/muy) grande(s)/pequeño/a(s) (demasiado/muy/un poco) ancho/a(s)/estrecho/a(s)
Los vaqueros Las deportivas	me parecen te quedan	(demasiado/muy/un poco) largo/a(s)/corto/a(s) (muy) caro/a(s), carísimo/a(s) (muy) barato/a(s), baratísimo/a(s)

ⓕ **En la tienda**

Vendedor	Cliente
¿Qué desea? ¿Es/son para usted?	Quería unos zapatos (para mí/para hombre/para mujer/para niño/para niña).
Sí, tenemos estos (de aquí).	¿Cuánto cuestan estos? ¿Qué precio tienen estos? ¿Cuánto son?
Son X euros.	(Pues) me llevo estos (negros).
Muchas gracias.	Gracias a usted.

Actividades

A 다음 그림을 보고 가격을 써 봅시다.

- La falda cuesta 25 euros con 15.
- Los pantalones cuestan 120 euros.
- Las sandalias cuestan 15 euros con 50.
- El vestido cuesta 62 euros con 25.
- Las gafas son 43 euros.

- La chaqueta cuesta 8 euros con 30.
- El cinturón son 21 euros.
- Los calcetines son 7 euros con 85.
- El biquini cuesta 22 euros con 50.
- La camiseta son 14 euros con 20.

 다음 각각의 물건들의 가격을 서로 묻고 대답해 봅시다.

Estudiante 1

el ordenador	el móvil	la bicicleta
__________	__________	__________
los vaqueros	las deportivas	el reloj
__________	__________	__________
la cama	las gafas	el teléfono
375 euros	43,75 euros	100 euros
la moto	la cámara	el coche
12.500 euros	78 euros	18.650 euros

Estudiante 2

la cama	las gafas	el teléfono
__________	__________	__________
la moto	la cámara	el coche
__________	__________	__________
el ordenador	el móvil	la bicicleta
1.775 euros	235,70 euros	125 euros
los vaqueros	las deportivas	el reloj
25,40 euros	28,12 euros	38,75 euros

1. En un mercado

2. En una tienda de ropa

3. En una perfumería

4. En un quiosco

Diálogo 1

- ¡Buenos días! ¿Qué quería?
- ○ Una falda.
- ¿Cómo la quiere?
- ○ La quiero negra.
- ¿Qué talla tiene?
- ○ Creo que la 36, la pequeña.
- Tenemos estos modelos. ¿Le gusta alguno?
- ○ Sí, me gusta esa. ¿Cuánto cuesta?
- 35 euros.
- ○ ¿Puedo probármela?
- Sí, por supuesto. Los probadores están al fondo del pasillo a la izquierda.(...) ¿Qué tal le queda?
- ○ Pues no sé... Es demasiado estrecha y un poco corta. Y la tela no me gusta... Voy a pensarlo.

- ¡Hola, buenas tardes!
- ¡Hola, buenas! ¿Me da un bonobús, por favor?
- Sí, aquí tiene. ¿Algo más?
- Sí. ¿Qué precio tienen esos mecheros de ahí?
- Esos cuestan 3 euros y estos de aquí son más baratos: 1,50 euros.
- Entonces, quiero uno de 1,50 euros.
- Perfecto. ¿De qué color lo quiere?
- Pues... amarillo.
- Aquí tiene. ¿Desea algo más?
- No, nada más, gracias.
- En total son 6,50 euros.

- Hola, buenos días.
- Buenos días.
- ¿A cuánto están las manzanas?
- A 2,50 euros.
- Pues me pone un kilo, por favor.
- Vale, aquí tiene. ¿Algo más?
- ¿A cuánto están las naranjas?
- A 2 euros el kilo.
- ¿Me pone medio kilo de naranjas?
- Aquí tiene. ¿Algo más?
- Nada más, gracias. ¿Cuánto es?
- Son 3,50 euros.

- Oiga, señorita. ¿Me atiende, por favor?
- Sí, señora, ahora mismo.
- Mire, necesito un gel de baño de marca Bañol.
- Pues en este momento no me queda ninguno, lo siento. ¿Alguna cosa más?
- No, nada más, gracias.

 C 대화를 다시 듣고 표를 완성해 봅시다. 🎧29

	¿Dónde están?	¿Qué quieren comprar?	¿Cuánto cuesta?
Diálogo 1			
Diálogo 2			
Diálogo 3			
Diálogo 4			

E 다음 단어들과 목적격 대명사를 서로 연결지어 봅시다.

1. La carne
2. El café
3. La falda
4. Los zapatos
5. La camisa
6. Los calcetines

a. La quiero roja y más corta.
b. Lo quiero frío y con hielo.
c. La quiero blanca y de manga larga.
d. Los quiero blancos y de algodón.
e. La quiero bien cocida.
f. Los quiero de piel y de tacón.

F 다음 표의 물건들을 어디에서 살 수 있는지 목적격 대명사를 사용하여 말해 봅시다.

보기) ¿Dónde puedo comprar revistas?
- Puedes comprarlas en la librería.
- Las puedes comprar en el quiosco.

helados	la leche	los limones	el pan
zumo de naranja	unos vaqueros	aspirinas	merluza
una goma	unos sellos	un periódico	unos pasteles	libros
una chuleta de cerdo	el televisor	unas deportivas
unas flores	una tarta	el pollo	unas postales

G 다음 문장을 듣고 어떤 물건을 가리키는지 물건 이름을 써 봅시다.

> agua   CD   sellos   aspirinas   película
> deberes   abrigo   gafas de sol   tarta   helado
> cámara de vídeo   colonia

1. _____________   2. _____________   3. _____________   4. _____________
5. _____________   6. _____________   7. _____________   8. _____________
9. _____________   10. _____________   11. _____________   12. _____________

H 다음 그림을 보고 알맞은 지시 형용사를 써 봅시다.

· _______ melón   · _______ falda
· _______ manzanas   · _______ plátanos

· _______ zapatos   · _______ toalla
· _______ bragas   · _______ calzoncillos

· _______ vaqueros   · _______ vestido
· _______ camiseta   · _______ botas

I 다음 대화를 듣고 지시 형용사 및 대명사를 채워 대화를 완성해 봅시다.

Sara   : ¿Me pasas los zapatos?

Rosa : ¿Cuáles? ¿_______________ azules ?

Sara   : No, _______________ no, _______________ rojos.

Diálogo 2

Sara   : ¿Me pasas el top?

Rosa : ¿_______________ gris?

Sara   : _______________ no está mal, pero quiero algo más alegre.

Rosa : ¿Y el de colores?

Sara   : Sí, _______________ me gusta más.

Diálogo 3

Sara   : ¿Qué te parece _______________ falda, la del fondo?

Rosa : Bueno, no está mal, pero para una fiesta... ¿Y _______________ roja?

Sara   : Sí, mejor, va bien con la blusa.

Diálogo 4

Sara   : Pues no me gusta mucho cómo me queda el vestido. ¿Qué me pongo?

Rosa : ¿Por qué no te pones unos pantalones? ¿Qué tal _______________ azules?

Sara   : Prefiero _______________ naranjas, que son más bonitos.

> nada   algún   alguna (2)   algunos (2)   ninguno   algo

-En una perfumería-

● Buenas tardes. ¿Qué desea?

○ Quería ver ______________ cosa para regalar a mi novio.
   ¿Tiene ______________ perfume de oferta?

● Sí, claro. Tenemos ______________ en ese pasillo de ahí.

○ ¿Tiene un perfume que se llama "El Hombre Macho"?

● No, no queda ______________, pero hay ______________ muy parecidos.

○ Muy bien, me llevo este.

● Perfecto, ¿______________ cosa más?

○ No, ______________ más. Gracias. ¿Cuánto es?

● Son 28,35 euros.

K 다음 그림을 보고 각자의 의견을 말해 봅시다.

> 보기) El vestido de lunares me parece demasiado estrecho.
> Los pantalones de rayas me parecen muy feos.

Telas	Estampados
· de lana	
· de piel	· liso/a
· de pana	· de rayas
· de algodón	· de lunares
· vaquero/a	· de cuadros

1. ¿A ti te gusta ir de compras?

____

2. ¿Con qué frecuencia vas de compras?

____

3. ¿Normalmente vas a los grandes almacenes, a algún centro comercial o al mercado?

____

4. ¿Dónde haces la compra? ¿En el mercado, en el supermercado, en el centro comercial o en las tiendas pequeñas? ¿Quién hace normalmente la compra en tu casa? ¿Te gusta hacer la compra?

____

5. ¿Compras libros a menudo? ¿Con qué frecuencia vas a la librería?

____

6. ¿Usas perfume? ¿Qué marca de perfume sueles usar? ¿Dónde lo compras?

____

프리다 칼로(Frida Kahlo)

멕시코를 대표하는 여류 화가로, 멕시코 민중벽화의 거장 디에고 리베라(Diego Rivera)와의 결혼으로 유명해졌으며, 어린 시절의 소아마비, 교통사고, 남편의 외도, 세 번의 유산 등으로 인한 정신적 고통과 삶에 대한 의지 및 자신의 내면 심리 상태를 그녀의 많은 자화상에서 표현했다. 영화 "프리다"에 삽입된 20세기 멕시코 전설의 여가수인 Chavela Vargas가 한 어린 목소리로 부른 "Llorona"를 배워 보도록 하자.

Todos me dicen el negro, llorona
negro pero cariñoso.
Todos me dicen el negro, llorona
negro pero cariñoso.

Yo soy como el chile verde, llorona
picante pero sabroso.
Yo soy como el chile verde, llorona
picante pero sabroso.

Ay de mí, llorona llorona,
llorona, llévame al río.

Tápame con tu rebozo, llorona
porque me muero de frío.
Si porque te quiero quieres, llorona
quieres que te quiera más.
Si ya te he dado la vida, llorona
¿Qué más quieres?
¿Quieres más?

Capítulo 11

El tiempo
날씨

Las llamadas telefónicas
전화통화

- 날씨
- 현재분사 / 현재 진행형

(A) El tiempo

Hace +	(mucho) sol (mucho) viento (mucho) frío (mucho) calor (muy) buen tiempo (muy) mal tiempo	Llueve. Nieva. Hay tormenta. Hay niebla. Está nublado. Está despejado. Está soleado.

· ¡Qué frío / calor (hace)!
· Hace muchísimo frío / calor.
· Hace un día muy / bastante bueno (malo).
· Hace un poco de frío / calor.
· No hace nada de frío / calor.
· Hace un día estupendo / horrible.
· Estamos a 15 grados (bajo cero).

Pregunta	Respuesta
¿Qué tiempo hace hoy? ¿Cuál es la temperatura de hoy?	Hace mucho frío y nieva mucho. Estamos a 15 grados bajo cero.

Ⓑ Gerundio

Estar + 현재분사: 현재의 순간에 진행중인 동작

Ar- ando		Er- iendo		Ir- iendo	
Hablar	hablando	Comer	comiendo	Salir	saliendo
Cantar	cantando	Beber	bebiendo	Vivir	viviendo
Nevar	nevando	Llover	lloviendo	Escribir	escribiendo

현재분사 불규칙형

I 형		U 형		Y 형	
Servir	sirviendo			Traer	trayendo
Pedir	pidiendo	Dormir	dumiendo	Leer	leyendo
Decir	diciendo	Morir	muriendo	Oír	oyendo
Reír	riendo			Ir	yendo

▶ 재귀동사 ducharse, vestirse, levantarse...

Me / te / se / nos / os / se + estar 동사 + 현재분사: Me estoy duchando.

Estar 동사 + 현재분사-me / te / se / nos / os / se: Estoy duchándome.

Pregunta	Respuesta
¿Qué estás haciendo ahora?	Estoy escuchando música y bailando.
¿Qué estás haciendo estos días?	Estoy trabajando mucho.

Actividades

A 다음 대화체를 듣고 따라 읽어 본 후 참과 거짓을 표기해 봅시다. 

- ¡Uf! ¡Qué calor hace en España!
- En agosto es normal. Aquí en Sevilla, en el sur de España, hace muchísimo calor en verano.
- Pues en Corea normalmente llueve mucho en esta época. No hace tanto calor como aquí.
- Aquí en España depende. Durante el día hace bastante calor, pero por la noche hace un poco de frío. En el sur hace muchísimo calor día y noche, y casi nunca llueve. ¿Qué tiempo hace en Corea ahora?
- En Corea también está haciendo bastante calor y está lloviendo mucho, así que hay mucha humedad.
- Bueno, en el norte de España, en los Pirineos, que están en la frontera con Francia, está lloviendo. Y en las playas del sur la gente está tomando el sol.

	Verdadero	Falso
1. En el sur de España hace mucho frío.	☐	☐
2. En Corea llueve mucho en verano.	☐	☐
3. En el sur de España llueve a menudo.	☐	☐
4. Ahora en Corea está nevando.	☐	☐
5. Ahora en los Pirineos está lloviendo.	☐	☐
6. En el norte de España la gente está tomando el sol.	☐	☐
7. En Corea no hace tanto calor como en España.	☐	☐

B 오늘의 날씨를 다음 표의 단어들을 사용하여 스페인어로 말해 봅시다.

Hace No hace nada de	Mucho Bastante Un poco de	Llover Nevar	Frío Fresco Calor
Estamos a __________ grados		Un día horrible / estupendo	

Hoy____

____

____

C 다음 일기예보를 듣고 빈 칸을 채워 봅시다.　🎧 35

1. En el norte __________________________________ en las montañas.
2. En el sur ______________________ y las temperaturas ____________________.
3. En la costa mediterránea no hay ___________ y el cielo está ___________.
4. En el centro de la península sigue haciendo un tiempo muy ___________,
   y durante el día la temperatura es de ____________________.
5. En las Islas Canarias las temperaturas son __________________.

D 오늘은 Carmen의 생일이다. 다음 대화는 엄마와 그녀의 아들 Alberto와의 전화 통화 내용이다. 듣고 그녀의 가족들이 무엇을 하고 있는지 말해 봅시다.　🎧 36

La familia	La actividad que está haciendo ahora
La madre	
El padre	
El abuelo	
La abuela	
El hijo	
La hija	

> Ahora se pone.　　　　　¿Quieres dejar algún recado?
>
> ¿De parte de quién?　　　　Nada, te llamaba para ver qué haces este sábado...
>
> ¿Podría hablar con el señor Pacheco?　　　　Ah, pues perdone.

Diálogo 1

- ¿Diga?
- ¿Está Javier?
- No, ahora no está. ¿________________________________?
- De Sergio. Soy su compañero de la escuela.
  ¿Es usted su madre?
- Sí. ¿________________________________?
- No, gracias, luego le llamo. Chao, hasta luego.
- Adiós.

Diálogo 2

- ¿Dígame?
- ¿Con el señor Padilla, por favor?
- Lo siento, pero creo que se equivoca. Aquí no vive ningún señor Padilla.
- ¿No es el 98 524 05 45?
- No, se equivoca.
- ________________________________.

- Industrias San Francisco, buenas tardes. ¿Dígame?
- Buenas tardes. ¿____?
- ¿De parte de quién, por favor?
- De parte de Emilio Jiménez.
- Un momentito, por favor. Ahora se lo paso.
- Gracias.

- ¿Sí?
- Hola, ¿está Pedro?
- Sí, soy yo.
- Ay, perdona. Soy Maribel. ¿Qué tal?
- ¡Hola, Maribel! ¿Qué tal?
- ____.

- ¿Diga?
- Hola, quería hablar con Ana María.
- ¿De parte de quién?
- De Juan Manuel.
- ____.

1. ¿Qué tiempo hace hoy?

2. ¿Qué tiempo hace en primavera en Corea?

3. ¿Qué tiempo hace en verano en Corea?

4. ¿Qué tiempo hace en otoño en Corea?

5. ¿Qué tiempo hace en invierno en Corea?

6. ¿Qué te gusta hacer cuando hace buen tiempo?

7. ¿Qué te gusta hacer cuando llueve o hace mal tiempo?

8. ¿Cuál es tu estación favorita?

9. ¿Qué crees que está haciendo ahora tu padre / madre / hermano / novia?

10. Di tres cosas que estás haciendo mucho estos días.

11. Di tres cosas que no estás haciendo estos días.

G 다음과 같이 스페인어로 질문하고 대답해 봅시다.

1. ¿De qué trabajas? ¿Dónde trabajas?
   ____

2. ¿Vives cerca o lejos de tu trabajo?
   ____

3. ¿Tienes trabajo de jornada completa o de media jornada ahora?
   ____

4. ¿A qué hora entras y a qué hora sales? ¿Te gusta tu horario de trabajo?
   ____

5. ¿Qué tienes que hacer? ¿Hay actividades diferentes o siempre haces lo mismo?
   De todas las actividades de tu trabajo, ¿cuál te gusta más? ¿Por qué?
   ____

6. ¿Cómo es tu jefe/a? ¿Es simpático/a? ¿Es exigente? ¿Y tus compañeros?
   ____

7. ¿Cuáles son los aspectos más desagradables de tu trabajo? ¿Por qué son desagradables?
   ____

H 다음 내용을 담아서 친구에게 엽서 한 장을 써 봅시다.

· Salúdale.
· Explícale qué tiempo hace estos días.
· Cuéntale qué estás haciendo estos días en Corea.

Querido / a...................:

(38)

아르헨티나 탱고

탱고는 아르헨티나 부에노스아이레스(Buenos Aires)가 본고장으로 20세기 초 유럽 이민자들의 한과 슬픔, 고독 그리고 향수 등의 정서를 잘 담아내고 있다. 남미의 대표적 문화로서의 탱고 음악과 춤은 이미 우리 나라에서도 쉽게 접할 수 있으며 그 인기를 누리고 있다. 스페인의 유명한 여배우이자 가수인 사라 몬티엘(Sara Montiel)이 그녀의 영화 "El Último Cuplé"에서 부른 탱고 리듬의 곡인 "Fumando espero"를 배워 보도록 하자.

Fumar es un placer
genial, sensual.

Fumando espero
al hombre a quien yo quiero,
tras los cristales
de alegres ventanales.

Y mientras fumo,
mi vida no consumo
porque flotando el humo
me suelo adormecer...

Tendida en la chaisse longue
fumar y amar...

Ver a mi amante
solícito y galante,
sentir sus labios
besar con besos sabios,
y el devaneo
sentir con más deseos
cuando sus ojos veo,
sedientos de placer.

Por eso estando mi bien
es mi fumar un edén.

Dame el humo de tu boca.
Anda, que así me vuelves loca.

Corre que quiero enloquecer
de placer,
sintiendo ese calor
del humo embriagador
que acaba por prender
la llama ardiente del amor.

Capítulo 12

Los planes

A Ir + a + infinitivo / Futuro simple de indicativo

Ir + a + infinitivo	Verbos regulares de futuro simple		
	Hablar	Comer	Vivir
Voy Vas Va a hablar/comer/vivir Vamos Vais Van	hablaré hablarás hablará hablaremos hablaréis hablarán	comeré comerás comerá comeremos comeréis comerán	viviré vivirás vivirá viviremos viviréis vivirán

B Futuro simple de indicativo (verbos irregulares)

Hacer	Tener	Venir	Decir	Poder	Poner
haré	tendré	vendré	diré	podré	pondré
harás	tendrás	vendrás	dirás	podrás	pondrás
hará	tendrá	vendrá	dirá	podrá	pondrá
haremos	tendremos	vendremos	diremos	podremos	pondremos
haréis	tendréis	vendréis	diréis	podréis	pondréis
harán	tendrán	vendrán	dirán	podrán	pondrán

C Perífrasis

· Pensar + 동사원형 :~ 할 생각이다
  (미래의 계획 및 의도)
· Querer + 동사원형 : ~을 하기를 원하다
· Poder + 동사원형 : ~을 할 수 있다

· Hay que + 동사원형 : ~을 해야한다
· Tener que + 동사원형 :~을 해야한다
· Deber + 동사원형 : ~을 해야한다

Actividades

A Pablo와 Nuria와의 대화를 듣고 각각 이번 연말에 무엇을 할 예정인지 써 봅시다.

39

Pablo	Nuria

B 다음 스케줄표는 Pedro의 일정표이다. 서로 묻고 대답하여 스케줄표를 완성해 봅시다.

보기) ● ¿Qué va a hacer Pedro el viernes a las 21:00?
○ Va a ir al teatro.

Estudiante 1

Viernes	Sábado	Domingo
· De 9:00 a 12:00, clase de español · A las 17:00, ____________ · A las 21:00, teatro	· A las 10:00, ____________ · A las 14:00, tapas con Andrés · A las 20:00, ____________	· A las 11:00, ____________ · A las 20:30, cena con Mónica

Viernes	Sábado	Domingo
· De 9:00 a 12:00, _________ · A las 17:00, partido de fútbol · A las 21:00, ___________	· A las 10:00, limpieza en casa · A las 14:00, ____________ · A las 20:00, cumpleaños de Julia	· A las 11:00, la compra · A las 20:30, ___________

C **B**의 표를 보고 다음 질문에 대답해 봅시다

보기) ● ¿Puede hacer la compra el sábado por la mañana?
○ No puede porque tiene que hacer limpieza en casa.

1. ¿Puede salir de copas el domingo por la noche?

____

2. ¿Puede jugar al tenis el viernes por la tarde?

____

3. ¿Puede ir al Museo del Prado el sábado por la tarde?

____

4. ¿Puede visitar a sus padres el viernes por la mañana?

____

5. ¿Puede cenar con su familia el viernes por la noche?

____

D 다음과 같은 상황에서 어떻게 대처할 것인지 스페인어로 말해 봅시다.

> 보기) ● ¿Qué harás si suspendes los exámenes?
> ○ Lo volveré a intentar.

1. Si te pagan muy poco en tu trabajo...

____

2. Si esta noche conoces a una chica interesante...

____

3. Si te quedas sin trabajo...

____

4. Si te toca la lotería...

____

5. Si pierdes todo tu dinero en la Bolsa...

____

6. Si te deja tu novio/a...

____

7. Si te nombran presidente de tu club (deportivo, cultural...)

____

E Carmen은 미래를 점치기 위해 주술사를 방문하였다. 대화체를 듣고 알맞은 내용에 표기해 봅시다. (40)

☐ Vivirá en un país extranjero por amor.
☐ Vivirá en un país extranjero por trabajo.
☐ Vivirá en el campo.
☐ Será muy rica.
☐ Será muy famosa.
☐ Tendrá tres hijos.
☐ Tendrá una vejez muy feliz.
☐ Vivirá hasta los ochenta años.
☐ Conocerá a una persona que la querrá mucho.
☐ Se cuidará del riñon.
☐ Se casará en edad temprana.

Familia
Trabajo
Salud
Amor
Situación económica
Lugar de residencia

1. Encontrarás tu media naranja y te casarás dentro de _______________________________
2. Conseguirás un trabajo muy interesante / un poco aburrido _____________________
   Trabajarás en ____
   Serás ____
3. Tendrás un hijo / dos hijos / tres hijos.
4. Tendrás buena salud pero te cuidarás de ____
5. Serás rico/a, será famoso/a.
6. Vivirás en el extranjero / en el campo / en un chalé / en una casa muy grande /
   en un apartamento precioso.
7. Vivirás hasta los _____________ años.

G 다음과 같이 스페인어로 질문하고 대답해 봅시다.

1. ¿Dónde vas a cenar esta noche?

   ____

2. ¿Qué vas a hacer esta tarde?

   ____

3. ¿Dónde vas a ir después de clase?

   ____

4. ¿Qué vas a hacer durante la pausa?

   ____

5. ¿Con quién vas a comer / cenar hoy?

   ____

6. ¿Vas a salir de copas esta noche?

   ____

7. ¿Vas a llamar a tu familia hoy?

   ____

8. ¿Qué vas a hacer el fin de semana?

   ____

9. ¿Qué hay que hacer para conseguir un buen trabajo?

   ____

10. ¿Qué hay que hacer para hablar bien un idioma extranjero?

    ____

11. ¿Qué hay que hacer para mantenerse en forma?

    ____

12. ¿Qué hay que hacer para conseguir un novio guapo?

    ____

13. ¿Qué hay que hacer para olvidar pronto un amor?

    ____

"하이힐"의 삽입곡 "Un año de amor"

　페드로 알모도바르 감독의 영화 "하이힐(Tacones lejanos)의 삽입곡으로 영화 속에서 여장 남자 배우가 립싱크해서 화제가 된 노래이다. Luz Casal의 "Un año de amor"를 배워 보도록 하자.

Lo nuestro se acabó
y te arrepentirás de haberle puesto fin
a un año de amor.

Si ahora tú te vas
pronto descubrirás
que los días son eternos y vacíos sin mí.

Y de noche, y de noche,
por no sentirte solo
recordarás
nuestros días felices,
recordarás el sabor de mis besos
y entenderás
en un solo momento
qué significa
un año de amor.
qué significa
un año de amor.

Te has parado a pensar
lo que sucederá,
todo lo que perdemos
y lo que sufrirás.
Si ahora tú te vas no recuperarás
los momentos felices que te hice vivir.

Y de noche, y de noche,
por no sentirte solo
recordarás nuestros días felices,
recordarás el sabor de mis besos
y entenderás
en un solo momento
qué significa
un año de amor.
Y entenderás
en un solo momento
qué significa
un año de amor.

Capítulo 13

Las actividades que he hecho hoy

오늘 한 일

Las actividades que he hecho este fin de semana

이번 주말에 한 일

Las experiencias de estas vacaciones

최근 휴가 경험담

- 과거분사
- 현재완료
- 의견 표현하기
- 스페인 건축가 안토니오 가우디/노래 "Barcelona"

A Pretérito perfecto

	Haber +	participio (-ado / -ido)
Yo	he	
Tú	has	estudiado
Él/ella/usted	ha +	comido
Nosotros	hemos	vivido
Vosotros	habéis	
Ellos/ellas/ustedes	han	

B Participio (formas irregulares)

Abrir → abierto	Escribir → escrito	Morir → muerto
Poner → puesto	Hacer → hecho	Descubrir → descubierto
Volver → vuelto	Romper → roto	Devolver → devuelto
Ver → visto	Decir → dicho	Componer → compuesto

♣ 재귀 대명사의 위치

(No) Me / te / se / nos / os / se + haber + 과거분사

Lo / la / los / las + haber + 과거분사

C Uso del pretérito perfecto

1. 현재와 가까운 최근의 사실을 진술

- ¿Qué ha pasado?
○ Ha habido un terremoto en Japón.

2. 시점이 아닌 경험한 사실을 진술

- ¿Has viajado alguna vez en avión?
○ Sí, he viajado en avión muchas veces.

3. hoy, esta semana, este mes, este año와 같은 현재와 연관된 부사구와 함께 쓰인다.

- ¿Has ido al cine?
○ Esta semana no he ido al cine.

4. Ya / Todavía no와 주로 함께 쓰인다.

- ¿Ha empezado ya el partido?
○ No, todavía no ha empezado.

D Expresar opiniones

Ha sido una obra muy divertida.	La fiesta ha estado genial.
Ha sido una fiesta genial.	La conferencia ha estado bastante interesante.
Ha sido un día fantástico / estupendo.	El concierto ha estado muy mal.
Ha sido un día horrible.	La película ha estado estupenda.
Ha sido un desastre.	Este fin de semana ha estado horrible.
Todo me ha salido mal.	

Lo hemos pasado genial / fantástico.	"ni fu ni fa"
Lo hemos pasado muy bien.	regular
Lo hemos pasado de maravilla / fenomenal.	horrible / de pena / fatal
Lo hemos pasado bomba.	
Lo hemos pasado bien / normal.	

Actividades

A 다음 표는 Carmen과 Javi가 이미 한 일과 아직 하지 않은 일의 목록이다. 보기와 같이 서로 묻고 대답해 봅시다.

보기)
- ¿Ha arreglado Carmen habitación?
- Sí, ya la ha arreglado.

Carmen	Javi
Arreglar habitación ✓	Hacer la cama
Lavar el coche de papá	Limpiar el baño ✓
Pasar la aspiradora ✓	Cortar el césped
Poner la lavadora	Fregar los platos ✓
Hacer la comida ✓	Ir al aeropuerto
Planchar la ropa	Barrer el suelo ✓

B 다음 보기와 같이 Ya / Todavía no를 사용하여 서로 묻고 대답해 봅시다.

보기)
● ¿Has visto ya la "National Gallery"?
○ No, todavía no la he visto.

1. ¿Has comido ya?

____

2. ¿Has visto ya la última película de Almodóvar?

____

3. ¿Has visitado ya el museo del Prado?

____

4. ¿Has visto ya la "Sagrada Familia"?

____

5. ¿Has visto ya algún espectáculo de tango?

____

6. ¿Has probado ya la bebida mexicana, el tequila?

____

7. ¿Has escuchado ya canciones de mariachi?

____

8. ¿Has ido ya a Sevilla?

____

9. ¿Has visto ya la película "El reino del hielo"?

____

10. ¿Has leído ya el libro "El Señor de los Anillos"?

____

보기) ● ¿Has leído algún libro?
　　　○ No, no he leído ningún libro.

1. ¿Has comprado algo para la casa?
____

2. ¿Has hecho algún viaje?
____

3. ¿Has visto alguna película?
____

4. ¿Has conocido a alguien interesante?
____

5. ¿Has dicho alguna mentira?
____

6. ¿Te has emborrachado?
____

7. ¿Te has enfadado con alguien?
____

8. ¿Has escrito alguna postal?
____

Alicia : ¡Hola, Juan! ¿Cómo estás?

Juan : ¡Hola, Alicia! ¿Qué tal?

Alicia : ¿Cómo _____________ el fin de semana? ¿Dónde has estado?

Juan : Este fin de semana _____________ de excursión con unos amigos.

Alicia : ¿Y adónde habéis ido?

Juan : _____________ ido a la sierra. Hemos hecho _____________ y senderismo. Ha
sido _____________, pero muy agradable. Hemos _____________ en una
tienda de campaña al aire libre y nos hemos divertido mucho.

Alicia : ¿Qué tiempo os ha hecho?

Juan : El tiempo _____________ estupendo. _____________ sol y _____________
aire limpio. ¿Y a ti qué tal te ha ido el fin de semana?

Alicia : Yo _____________ a las Islas Canarias, a Tenerife. He subido al Teide y
me he bañado en el mar y me _____________ muy morena.

Juan : ¡Ah! ¡Qué bien! ¿Y te ha gustado? Yo no he estado nunca allí.

Alicia : Sí, me _____________. Ha sido un viaje muy interesante, y me lo he
pasado estupendo. Lo malo es que he tenido que viajar sola, porque nadie
_____________ acompañarme.

Juan : Vaya, ¡_____________! La próxima vez iremos juntos, ¿de acuerdo?

Alicia : Sí, de acuerdo.

 다음 목록은 인생에서 경험하는 것들을 나열한 것이다. 보기와 같이 묻고 경험했는
지 여부를 대답해 봅시다.

보기) ● ¿Has comprado ya alguna casa?
　　　○ No, todavía no he comprado ninguna casa.
　　　　Voy a comprar una casa en cinco años.

jubilarse　　comprar una casa　　estudiar en un país extranjero

enamorarse　　divorciarse　　montar un negocio

tener hijos　　casarse　　aprender a ir en bicicleta

acabar los estudios　　escribir un libro　　vivir solo/a

dar la vuelta al mundo　　aprender a tocar un instrumento　　plantar un árbol

F 다음과 같은 경험을 한 적 있는지 서로 묻고 대답해 봅시다.

보기) ● ¿Has subido alguna vez en avión?
　　　○ Sí, he subido en avión muchas veces.

1. comer caracoles
2. bailar la danza de vientre
3. estar en Perú
4. probar el jamón
5. ver corridas de toros
6. ver una película de Almodóvar
7. ver a alguien famoso
8. estar enamorado/a
9. actuar en una obra de teatro
10. tener una cita a ciegas
11. colaborar en acciones humanitarias
12. tirarse en paracaídas
13. estar internado en un hospital

G 다음 세 개의 대화를 듣고 경험에 대한 각각의 의견을 써 봅시다.

	Opinión
Diálogo 1	
Diálogo 2	
Diálogo 3	
Diálogo 4	
Diálogo 5	

H 다음 상황에서 경험 또는 활동에 대한 의견을 말해 봅시다.

보기) ● ¿Qué tal ha sido este fin de semana?
○ Ha sido un fin de semana genial. Lo hemos pasado de maravilla en la fiesta.

1. Reunión del departamento de hoy

2. La visita al dentista de esta mañana

3. El viaje con tu familia

4. Estas Navidades

5. El concierto de esta noche

6. La fiesta de cumpleaños

7. La clase de español

 세 쌍의 커플이 휴가를 다녀온 후 경험담을 이야기하고 있다. 듣고 각각의 커플이 한 경험에 표기를 해 봅시다. 🎧44

Cosas que han hecho	Pareja 1	Pareja 2	Pareja 3
1. Han comido muy bien.			
2. Han visitado el museo.			
3. Han sacado muchas fotos.			
4. Han visto un partido de baloncesto.			
5. Han alquilado un coche.			
6. Han estado en las cataratas de Iguazú			
7. Han salido por la noche.			
8. Han ido de compras.			
9. Han ido al teatro.			

J 다음 녹음은 어떤 상황에 대한 변명이다. 듣고 어떤 상황인지 다음 문장들과 연결지어 봅시다. 🎧45

1. Has llegado tarde a una cita.
2. Has olvidado el regalo de cumpleaños de una amiga.
3. No has ido a la consulta del dentista.
4. No has terminado el trabajo en la fecha fijada.

K Roberto는 여행을 가기 위해서 여행 가방을 정리하고 있다. 목적격 대명사를 사용하여 대답해 봅시다.

1. ¿Dónde ha colgado las gafas de sol? (en la camisa)

   ____

2. ¿Dónde ha metido la cámara? (en la mochila)

   ____

3. ¿Dónde ha dejado los pantalones? (encima de la cama)

   ____

4. ¿Dónde ha metido el protector solar? (en la mochila)

   ____

5. ¿Dónde ha dejado la gorra? (ponérsela él)

   ____

6. ¿Dónde ha metido el pasaporte? (en el cajón)

   ____

7. ¿Dónde ha metido la tarjeta de crédito? (en la cartera)

   ____

8. ¿Dónde ha dejado la guitarra? (debajo de la cama)

   ____

9. ¿Dónde ha metido el carné de identidad? (dentro del bolsillo)

   ____

10. ¿Dónde ha puesto la toalla de playa? (encima del escritorio)

   ____

L 다음 대화는 엄마와 아들의 대화이다. 듣고 각각의 물건들이 어디에 있는지 써 봅시다.

Cosas que han perdido	Su cartera	Sus libros	Su diccionario	Su cazadora	Sus gafas
El lugar donde está					

M 당신의 동료가 다음 물건들을 잃어버리고 어디에 두었는지 모른다. 목적격 대명사를 사용하여 보기와 같이 서로 묻고 대답해 봅시다.

> **보기)** ● ¿Has visto mi camisa?
>
> ○ La has metido en el armario.

Estudiante 1

No sabes dónde están:

· Tu cámara
· Tu cuaderno
· Tus zapatos nuevos
· Tu reloj

Tu compañero no sabe dónde están:

· Su diccionario (el diccionario está en la mesa)
· Sus gafas (las gafas están en el cajón)
· Sus libros (los libros están en el dormitorio)
· Su cartera (la cartera está en la mochila)

Estudiante 2

No sabes dónde están:

· Tu diccionario
· Tus gafas
· Tus libros
· Tu cartera

Tu compañero no sabe dónde están:

· Su cámara (la cámara está en la cama)
· Su cuaderno (el cuaderno está en la mesa)
· Sus zapatos nuevos (los zapatos están en el suelo)
· Su reloj (el reloj está en el cajón)

N 이번 최근 휴가지에 대한 경험담을 스페인어로 묻고 대답해 봅시다.

1. ¿Dónde has estado?

2. ¿Con quién has ido?

3. ¿Qué medio de transporte has usado? (avión / tren / coche / autobús)

4. ¿Qué tipo de alojamiento has elegido? (hotel / camping / albergue / hostal)

5. ¿Qué lugares has visitado? (playa / montaña / museo / plaza / catedral)

6. ¿Has hecho muchas compras? ¿Has comprado algún regalo?

7. Aproximadamente, ¿cuánto dinero has gastado?

8. ¿Qué tal ha sido el tiempo?

9. ¿Te ha gustado la comida? ¿Qué tipo de comida has comido?

10. ¿Has salido mucho por la noche?

11. ¿Qué es lo que más te ha gustado de tus vacaciones?
    (el tiempo / la comida / el hotel...)

12. ¿Qué es lo que menos te ha gustado de tus vacaciones?

가우디 도시 바르셀로나

안토니오 가우디는 세계적인 스페인의 천재 건축가로 대부분 그의 작품들로 이루어진 바르셀로나는 도시 전체가 "가우디의 미술관"이라 불리기도 한다. 그의 대표적 건축물로는 성가족 대성당(Sagrada Familia), 구엘 공원(Parque Güell), 카사 밀라(Casa Milà), 카사 바트요(Casa Batlló) 등이 있다. 요즘 바르셀로나의 인기는 "가우디 투어" 상품이 생겨날 정도로 우리나라에서 그 인기를 실감할 수 있다. 바르셀로나 도시를 예쁘게 담아낸 우디앨런의 영화 "Vicky, Cristina y Barcelona"의 삽입곡인 "Barcelona"를 배워보도록 하자.

Porque tanto perderse tanto buscarse sin encontrarse
me encierran los muros de todas partes.
Barcelona te estás equivocando no puedes seguir ignorando
que el mundo sea otra cosa y volar como mariposa.

Barcelona hace un calor que me deja
fría por dentro con este vicio de vivir mintiendo.
Qué bonito sería tu mar si supiera yo nadar.

Barcelona y mientras está llena de cara de gente extranjera,
conocida, desconocida... y vuelta a ser transparente.

No insisto más Barcelona
si no es cosa de tus gritos tu laberinto extrovertido.

No he encontrado la razón porque me duele el corazón
porque es tan fuerte que solo podré vivirte en la distancia
y escribirte una canción.

Te quiero Barcelona.

Capítulo 14

Las actividades que hice ayer

Mi biografía

A Pretérito indefinido (verbos regulares)

	Hablar	Comer	Vivir
Yo	hablé	comí	viví
Tú	hablaste	comiste	viviste
Él/ella/usted	habló	comió	vivió
Nosotros	hablamos	comimos	vivimos
Vosotros	hablasteis	comisteis	vivisteis
Ellos/ellas/ustedes	hablaron	com ieron	vivieron

B Pretérito indefinido (verbos irregulares)

	Pedir	Sentir	Dormir
Yo	pedí	sentí	dormí
Tú	pediste	sentiste	dormiste
Él/ella/usted	pidió	sintió	durmió
Nosotros	pedimos	sentimos	dormimos
Vosotros	pedisteis	sentisteis	dormisteis
Ellos/ellas/ustedes	pidieron	sintieron	durmieron

C Pretérito indefinido (verbos irregulares)

Ser/Ir	Dar			
		Estar	estuv-	
		Tener	tuv-	e
		Poder	pud-	iste
		Poner	pus-	o(*hizo)
fui	di	Saber	sup-	imos
fuiste	diste	Querer	quis-	isteis
fue	dio	Hacer	*hic-	ieron
fuimos	dimos	Venir	vin-	
fuisteis	disteis			
fueron	dieron			e
		Decir	*dij-	iste
		Traer	*traj-	o
		Conducir	*conduj-	imos
		Producir	*produj-	isteis
				*eron

D Marcadores de tiempo

: 정확한 시점이 있는 과거의 사실을 진술한다.

Ayer/anteayer/anoche	La semana pasada El mes/año/verano pasado
El otro día El lunes/martes... El día 3 de abril... El día de la boda/del examen...	En noviembre/diciembre/1997/2004
	Hace unos días/un mes/un año

E Pretérito perfecto / Pretérito indefinido

: 현재완료는 현재와 가까운 과거의 사실을 가리키고, 단순과거는 과거의 어느 한 시점을 지칭할 때 사용된다.

Pregunta	Respuesta
¿Qué has hecho estas vacaciones?	Este verano he estado unos días en Segovia.
¿Qué hiciste las vacaciones pasadas?	En julio estuve unos días en Segovia.

F Valorar en el pasado

1. Parecerle bien / mal

(A mí)	me		genial
(A ti)	te		muy bien
(A él/ella/usted)	le	pareció	bastante divertido/a/os/as
(A nosotros/nosotras)	nos	parecieron	un poco aburrido/a/os/as
(A vosotros/vosotras)	os		muy mal
(A ellos/ellas/ustedes)	les		fatal

2. Cosas (gustarle / encantarle)

¿Qué tal fue la obra de teatro? ¿Qué te / le pareció la película?	¿Qué tal fueron los libros? ¿Qué te / le parecieron los libros?
Me encantó.	Me encantaron.
Me gustó mucho.	Me gustaron mucho.
Me gustó bastante.	Me gustaron bastante.
No me gustó mucho.	No me gustaron mucho.
No me gustó nada.	No me gustaron nada.
Me pareció increíble / un poco aburrida / fantástica / horrible...	Me parecieron increíbles / un poco aburridos / fantásticos / horribles...

3. Personas (caerle bien / mal)

¿Qué te / le pareció Luis?	¿Qué te / le parecieron los padres de Luis?
Me cayó genial.	Me cayeron genial.
Me cayó muy bien.	Me cayeron muy bien.
Me cayó bien.	Me cayeron bien.
No me cayó muy bien.	No me cayeron muy bien.
Me cayó muy mal.	Me cayeron muy mal.
Me pareció muy majo / un poco tímido / muy simpático...	Me parecieron muy majos / un poco tímidos muy simpáticos...

4. Actividades (Pasarlo bien / mal)

¿Qué tal fue la fiesta de cumpleaños?
Fue muy divertida / muy agradable / un poco aburrida / fantástica... Lo pasé / pasamos genial. Lo pasé / pasamos muy bien. Lo pasé / pasamos bastante bien. No lo pasé / pasamos muy bien. Lo pasé / pasamos muy mal.

A 어제 다음과 같은 행동을 했는지 서로 묻고 대답해 봅시다.

> 보기) ● ¿Trabajaste ayer?
> ○ Sí, trabajé ocho horas. (No, no trabajé)

1. ¿Compraste algo?

2. ¿Visitaste a un amigo / a una amiga?

3. ¿Te levantaste temprano? ¿A qué hora?

4. ¿Hablaste por teléfono con tus padres?

5. ¿Saliste a pasear?

6. ¿Quedaste con amigos?

7. ¿Comiste en algún restaurante? ¿Qué comiste? ¿Con quién?

8. ¿Hiciste las tareas de casa? ¿Limpiaste? ¿Lavaste los platos? ¿Cocinaste?

9. ¿Estudiaste español?

10. ¿Viste la televisión? ¿Te gustó el programa?

11. ¿Navegaste por Internet?

12. ¿A qué hora te acostaste?

1. Carmen

Ayer me desperté, desayuné, _______________ el pijama, me duché, _______________ y _______________. Luego _______________ un café con leche y una tostada. Salí de casa y _______________ en coche a trabajar. Llegué al trabajo a las ocho. _______________ una reunión, escribí muchos e-mails y _______________ a unos clientes. Salí del trabajo a las seis. Después _______________ con mi novio, _______________ al cine y _______________ una película. Luego _______________ en un restaurante italiano. _______________ a casa a las diez de la noche. _______________, _______________ el pijama y finalmente, _______________.

2. Paulo

Sonó el despertador y _______________. _______________, desayuné rápidamente y _______________ los dientes. _______________ a la universidad y _______________ a las clases. Tomé café con algunos amigos y _______________ un informe para la clase de Química. Volví a casa a las dos de la tarde y _______________ con mi mamá. Después, _______________ durante cuatro horas en una tienda de ropa. Luego _______________ a casa a las ocho y media y _______________ un poco antes de acostarme. _______________ temprano, a las diez y media.

 다음 행위들을 어제 한 순서대로 나열해 보고, 어제 한 일을 스페인어로 말해 봅시다.

1. Cené.
2. Me lavé el pelo.
3. Me levanté.
4. Me vestí.
5. Llegué al trabajo.
6. Salí de casa.
7. Me quité el pijama.
8. Me desperté.
9. Cogí el metro (el autobús).
10. Volví a casa.
11. Me acosté.
12. Desayuné.

Ayer me levanté a ________________ y (no) desayuné a ________________. Después

________________________, ____________________ y ____________________.

Salí de casa a ________________________ y ____________________.

Por la tarde almorcé a ____________ en casa (en un restaurante) con ____________.

Y ____________________ y ____________________.

Volví a casa a ____________________ y ____________________.

Antes de acostarme ____________________ y ____________________.

Finalmente, me acosté a ________________________________.

> 보기) ● ¿Cuándo fuiste a una discoteca por última vez?
>   ○ Hace mucho tiempo, no me acuerdo. ¿Y tú?
>   ● Yo fui el sábado pasado.

1. comer una hamburguesa

2. ir a una discoteca

3. ir al dentista

4. hacer montañismo

5. subir en un avión

6. ver una película en el cine

7. comprar algo por Internet

8. hablar por teléfono con tu mamá

9. cortarse el pelo

10. ir a un baño público

11. ir a la playa

12. beber mucho en una fiesta

E 다음과 같은 경험을 한 적이 있는지 서로 묻고 대답해 봅시다.

보기) ● ¿Has comido paella alguna vez?
　　　○ No, nunca (he comido).
　　　● Yo, una vez. Comí hace un mes.

1. beber tequila

____

2. vivir un tiempo en el extranjero.

____

3. ir al desierto

____

4. bucear en el mar

____

5. jugar al golf

____

6. comer en un restaurante español

____

7. conocer a alguien interesante en un tren

____

8. darse un masaje

____

9. montar a caballo

____

10. dormir en el campo al aire libre

____

11. encontrar una mosca en la ensalada

____

12. emborracharse

____

F 다음 글은 Salvador Dalí와 Antoni Gaudí의 일대기이다. 동사 변화하여 빈 칸을 채운 다음 녹음을 듣고 확인해 봅시다. **49**

1. Salvador Dalí (nacer) _______________ el 11 de mayo del 1904 y (estudiar) _______________ la secundaria y el bachillerato en un instituto de Figueras. A los trece años (pintar) _______________ su primer cuadro. En 1923 (viajar) _______________ a Madrid y (estudiar) _______________ en la Academia de Bellas Artes de San Fernando. Aquel año (conocer) _______________ a Luis Buñuel y a Federico García Lorca. En 1927 (viajar) _______________ a París y (enamorarse) _______________ de Gala. Aquel año (diseñar) _______________ con Luis Buñuel los escenarios de "Un perro andaluz". Cuando (terminar) _______________ los estudios, (pintar) _______________ cuadros para exponerlos en Nueva York, Chicago, etc. En 1955 (casarse) _______________ con Gala y (vivir) _______________ en Cadaqués. En 1982 (morir) _______________ Gala y Dalí (enfermar) _______________. El 23 de enero de 1989 (morir) _______________ en Figueras.

2. Antoni Gaudí (nacer) _______________ en Tarragona en el año 1852. A los quince años (publicar) _______________ algunos dibujos en una revista escolar. En 1873 (estudiar) _______________ arquitectura en Barcelona y (terminar) _______________ los estudios en 1878. Aquel año (conocer) _______________ Eusebi Güell, que le (estimular) _______________ en su trabajo artístico. En 1883 (aceptar) _______________ continuar las obras de la Sagrada Familia. En 1900 (empezar) _______________ el proyecto del Parque Güell. En 1926 (tener) _______________ un accidente con un tranvía y (morir) _______________ tres días más tarde.

1. ¿Cuándo naciste?

____

2. ¿Dónde naciste?

____

3. ¿Cuándo empezaste la educación primaria en el colegio?

____

4. ¿Cuándo terminaste el bachillerato?

____

5. ¿Cuándo entraste en la universidad?

____

6. ¿Cuándo terminaste los estudios?

____

7. ¿Cuándo conociste a tu mejor amigo?

____

8. ¿Cuándo empezaste a trabajar? ¿Cuál fue tu primer trabajo?

____

9. ¿En qué año te enamoraste por primera vez?

____

10. ¿Cuándo hiciste tu primer viaje?

____

11. ¿Cuándo te fuiste a vivir solo?

____

12. ¿Cuál fue el año más importante de tu vida?

____

Yo nací en _______________ y recibí la educación primaria en _______________.
Acabé el bachillerato en _______________ y entré en la universidad en _______________.
Estudié _______________. Conocí a mi mejor amigo en _______________ y viajé
por primera vez en _______________. Al terminar mis estudios, empecé a trabajar en
_______________. El año más importante de mi vida es el _______________, porque ese
año ____.

- [ ] Fui al cine la semana pasada.
- [ ] Ayer hice los deberes.
- [ ] Estuve en México el mes pasado.
- [ ] Fui a la peluquería hace un mes.
- [ ] Anoche me acosté tarde.
- [ ] El domingo comí en un restaurante.
- [ ] Visité a mi familia el mes pasado.
- [ ] El fin de semana pasado salí por la noche con mis amigos.
- [ ] Empecé a estudiar español el año pasado.

- [ ] He ido al cine esta semana.
- [ ] Últimamente no he hecho los deberes.
- [ ] No he estado nunca en Cuba.
- [ ] Este mes he ido a la peluquería.
- [ ] Hoy me he levantado pronto.
- [ ] Esta semana no he salido a comer.
- [ ] Este mes he visitado a mi familia.
- [ ] Esta semana no he salido con mis amigos.
- [ ] He empezado a estudiar español este año.

I Caer bien / mal과 Gustarle / Encantarle의 표현을 각각 연결해 봅시다.

1. Ayer conocí a Alfonso y a Mar. Son muy simpáticos.
2. Ayer conocí a Fede. Es muy simpático.
3. Ayer conocí a los padres de Paco. No son muy simpáticos.
4. Ayer conocí a Federico. Es muy antipático.

a. No me cayó muy bien.
b. Me cayeron muy bien.
c. Me cayó muy bien.
d. No me cayeron muy bien.

1. Ayer fui al cine. La película fue un rollo.
2. Ayer leí "El Señor de los Anillos". Fue muy divertido.
3. Ayer vi unas obras de teatro. Fueron muy divertidas.
4. Ayer leí unos libros que me prestaron Julio. Fueron horribles.

a. No me gustaron nada.
b. No me gustó mucho.
c. Me encantó.
d. Me encantaron.

1. Ayer fui a la fiesta del fin de curso. Fue muy divertida.

2. El sábado fui al restaurante nuevo. La comida fue terrible.

3. Ayer fui de excursión a la montaña. Fue muy aburrida.

4. En julio fui de vacaciones a la playa. Fueron muy divertidas.

a. Lo pasé / pasamos muy bien.

b. Lo pasé / pasamos muy mal.

J 다섯 개의 대화를 듣고 각각 무엇에 대해 말하는지 그리고 그들 각각의 의견을 써 봅시다. 🎧50

	¿De qué está hablando?	¿Su opinión?
1. Mar		
2. Barquito		
3. Tenerife		
4. Scarlatti		
5. Todo sobre mi madre		

K 다음 네 개의 대화를 듣고 언제 어떤 일이 있었는지 써 봅시다. 🎧51

	¿Qué hizo Verónica?	¿Cuándo?
1.		
2.		
3.		
4.		

Ⓛ 가장 최근에 한 여행에 관하여 서로 묻고 대답해 봅시다.

1. ¿Cuándo fuiste?

2. ¿Dónde?

3. ¿Con quién?

4. ¿Cuánto duró?

5. ¿Qué visitaste?

6. ¿Qué lugares te gustaron más?

7. ¿Dónde comiste? ¿Qué comiste?

8. ¿Conociste a alguien?

9. ¿Qué hiciste el primer día?

10. ¿En qué medio de transporte fuiste?

11. ¿Hiciste muchas fotos?

12. ¿Compraste algo?

13. ¿Dónde dormiste?

14. ¿Qué hiciste la última noche?

15. ¿Te lo pasaste bien?

Bolero 음악이란?

볼레로는 라틴 음악 장르 중 가장 보편적이고 대중적인 음악이다. 그 역사는 19세기 쿠바에서 유래되었으며, 20세기에 걸쳐 볼레로 음악을 통해 가장 큰 명성을 얻은 음악가는 바로 Trio Los Panchos이다. 그 외에도 Julio Iglesias나 Luis Miguel 등과 같은 가수들이 그들의 가수 활동 중 볼레로 음악을 도입했다. Trio Los Panchos는 1944년 뉴욕에서 형성된 삼인조 그룹으로 데뷔당시 멕시코 전통 시골 음악인 música ranchera 장르를 주로 불렀으나 '볼레로' 음악을 소개하면서 국제적 명성을 얻게 되었다.

볼레로는 사랑의 고통, 정열, 실연 등에 대한 감정 표현에 아주 적극적인 음악으로, 낭만적인 가사로 대중들의 감성을 울리며 요즈음 다시 젊은 세대들의 관심을 받기 시작했다. 한국 영화 "내 머리 속의 지우개"에서 빅마마가 편곡하여 부르기도 했던 "La Paloma"를 배워 보기로 하자.

Cuando salí de la Habana,
válgame Dios.

Nadie me ha visto salir
sino fui yo.

Y una linda guachinanga
válgame Dios.

Que se vino tras de mí,
que sí señor.

Si a tu ventana llega
una paloma,
trátala con cariño
que es mi persona.

Cuéntale tus amores
bien de mi vida.
Corónala de flores
que es cosa mía.

¡Ay! Chinita que sí.
¡Ay! Que dame tu amor,
¡Ay! Que vente conmigo, chinita.
A donde vivo yo.

Capítulo 15

Mi infancia

나의 어린시절

- 계속과거
- 단순과거와 계속과거
- 대과거
- 플라멩코 / 노래 "Dime"

A Pretérito imperfecto

	Estudiar	Comer	Vivir
Yo	estudiaba	comía	vivía
Tú	estudiabas	comías	vivías
Él/ella/usted	estudiaba	comía	vivía
Nosotros	estudiábamos	comíamos	vivíamos
Vosotros	estudiabais	comíais	vivíais
Ellos/ellas/ustedes	estudiaban	comían	vivían

	Ser	Ver	Ir
Yo	era	veía	iba
Tú	eras	veías	ibas
Él/ella/usted	era	veía	iba
Nosotros	éramos	veíamos	íbamos
Vosotros	erais	veíais	ibais
Ellos/ellas/ustedes	eran	veían	iban

Ⓑ Uso del pretérito imperfecto

: 계속과거는 과거의 행동에 대한 상황을 설명하거나 묘사 또는 이유를 설명할 때 쓰인다.

● ¿Qué hiciste el domingo?

○ Nada especial, llovía y hacía un tiempo horrible, estaba muy cansada, ponían una pelicula muy buena en la tele y me quedé en casa todo el día.

Ⓒ Pretérito indefinido / Pretérito perfecto / Pretérito imperfecto

: 단순과거 및 현재완료는 완전히 종결짓는 행위나 결말을 진술하며, 계속과거는 단순과거 동사에 의존하여 상황이나 이유를 부가 설명해 주는 역할을 한다.

· Ayer llovió todo el día.
· Esta mañana ha llovido muchísimo.
· Ayer llovía mucho y me quedé en casa. (Me quedé en casa porque llovía mucho)

Ⓓ Pretérito pluscuamperfecto

: 한 시제 앞선 과거 시제

	Pretérito imperfecto de Haber	participio
Yo	había	estudiado
Tú	habías	comido
Él/ella/usted	había +	vivido
Nosotros	habíamos	escrito
Vosotros	habíais	visto
Ellos/ellas/ustedes	habían	dicho

· Cuando llegué a la estación, ya había salido el tren.

 녹음을 듣고 다음 그림과 각각 연결해 봅시다. 〔53〕

a.

b.

c.

1. _______________ un domingo de otoño y _______________ mucho sol. En el parque no _______________ mucha gente. Ella _______________ leyendo un periódico y él estaba sentado en el mismo banco leyendo una novela. De repente, él le _______________ la hora, ella respondió y _______________ a hablar.

2. Era un sábado por la noche. Ella iba yendo en moto hacia su casa y él iba conduciendo un coche. El semáforo _______________en rojo para él. Ella venía muy deprisa. Era una moto muy grande y ella _______________ casco. Él _______________ muy lento porque estaba muy cansado y medio dormido. _______________ a punto de chocar, pero afortunadamente no pasó nada. Luego él le _______________ de ir a tomar algo, así que se fueron a un bar. Y _______________ tranquilizarse los dos.

3. Ella era inglesa y _______________ en España. Era profesora de inglés y _______________ clases en una escuela de idiomas. _______________ rubia, guapa y muy delgada. Él era español y _______________ en una empresa hispanoinglesa. Por eso, _______________ perfeccionar su inglés. Él era bajo, moreno y un poco feo. _______________ gafas. Un día salieron juntos de clase y _______________ ir al cine a ver una película.

 다음 그림의 Juana와 Julián이 좀 더 어렸을 때의 성격과 어떤 활동들을 하였는지
말해 봅시다.

Juana

- Lugar de residencia: Toledo.
- Físico: alta, delgada, morena, pelo largo y rizado, gafas.
- Carácter: graciosa, habladora y un poco vaga.
- Asignaturas preferidas: inglés y geografía.
- Actividades de los fines de semana: baloncesto, bicicleta y música.
- Otras aficiones: novelas policíacas, yoga, natación en verano, revistas de moda, colección de frascos de perfume.
- Actividades en vacaciones: practicar esquí en invierno con sus amigos, ir a la playa en verano y salir de fiesta.

Julián

- Lugar de residencia: Córdoba.
- Físico: bajo, gordito, rubio, pelo corto y liso.
- Carácter: un poco reservado, desordenado y estudioso.
- Asignaturas preferidas: matemáticas y educación física.
- Actividades de los fines de semana: fútbol, guitarra, monopatín.
- Otras aficiones: cine, novelas de aventuras, televisión, videojuegos e Internet.
- Actividades en vacaciones: ir a casa de sus abuelos en verano, ir de excursión al campo, sacar fotos de paisajes, visitar pueblos pequeños.

D **C**와 같이 자신의 어린 시절에 대해 간단히 써 본 다음 계속과거 시제를 사용하여 말해 봅시다.

Mi infancia / juventud	
Lugar de residencia	
Físico	
Carácter	
Asignaturas preferidas	
Actividades de los fines de semana	
Actividades en vacaciones	

E 다음 그림은 María의 15년 전의 모습과 현재의 모습이다. 보기와 같이 문장을 만들어 봅시다.

· Antes iba en bicicleta y ahora va en coche.
· Antes vivía en un piso y ahora vive en una casa.

F Pablo가 예전에 부모님과 함께 했던 여행과 요즘에 혼자서 하는 여행과의 차이점을 설명하고 있다. 다음 녹음을 듣고 표를 완성해 봅시다.

54

	Los viajes que hacía antes	Los viajes que hace ahora
restaurantes		
hospedaje		
transportes		

G 다음의 행동을 예전에 얼마나 자주 했었는지 빈도 부사를 사용하여 묻고 대답해 봅시다. (todos los días / siempre / a menudo / algunas veces / pocas veces / casi nunca / nunca)

보기)
● ¿Con qué frecuencia hacías gimnasia?
○ Hacía gimnasia dos o tres veces a la semana.

1. hacer gimnasia
2. levantarse tarde
3. estudiar español
4. leer novelas de amor
5. beber cerveza
6. salir por la noche
7. escribir un diario
8. pensar en el futuro

Luisa	: ¡Hola, abuelo!
Abuelo	: ¡Hola, Luisa! ¿Qué te pasa? Tienes mala cara.
Luisa	: Sí... Estoy cansadísima. _______________ un examen de Geografía y no _______________ en toda la noche.
Abuelo	: ¿Qué tal te _______________?
Luisa	: No sé... Me _______________ uno de los temas que peor me _______________.
Abuelo	: Bueno, no te preocupes. Seguro que apruebas. Ven, tómate un té calentito.
Luisa	: Abuelo, cuando _______________ joven, ¿_______________?
Abuelo	: No, desgraciadamente no estudiaba. _______________ en un pueblo muy pequeño y no _______________ escuela. Para estudiar teníamos que ir a un pueblo cercano, pero tampoco _______________ coche, así que _______________ a mis padres en el campo. _______________ a los animales y _______________ las vacas.
Luisa	: Entonces la vida _______________ mucho, ¿no?
Abuelo	: Sí, sí, muchísimo. Ahora los jóvenes _______________ todo lo que queréis. Antes no _______________ ni la mitad de las cosas que tenéis ahora, pero _______________ felices.
Luisa	: ¿Y cómo se _______________ los jóvenes en el pueblo? ¿_______________ bares y discotecas?
Abuelo	: No, no había nada, solo un bar. _______________ a pasear, _______________ al fútbol e _______________ al baile cuando _______________ fiestas.

1. El abuelo estudiaba en la escuela de un pueblo cercano.

2. Ayudaba a sus padres en el campo.

3. La vida no ha cambiado mucho.

4. Antes los jóvenes tenían la mitad de las cosas que tienen ahora.

5. Antes no eran felices.

6. En el pueblo no había ni un solo bar.

7. Iban a las fiestas todos los días.

I 어린 시절(La niñez)에 대해 서로 묻고 대답해 봅시다.

1. De niño/a, ¿vivías en una ciudad o en un pueblo? ¿Por qué? ¿Te mudabas con frecuencia? ¿Te gustaba mudarte?

2. ¿Qué te gustaba hacer? ¿Jugabas con muñecas? ¿Con carritos? ¿Jugabas a la pelota?

3. ¿Tenías perro o gato? ¿Cómo se llamaba?

4. ¿A qué escuela asistías? ¿Cómo era?

5. ¿Qué te gustaba hacer en la escuela? ¿Te gustaba estudiar o jugar con tus amigos?

6. ¿Tenías muchos amigos? ¿A qué jugabas en el recreo? ¿A la pelota? ¿Al escondite?

7. ¿Ibas al cine con frecuencia? ¿Qué películas te gustaba ver?

8. ¿Practicabas algún deporte? ¿Te gustaba hacer deporte?

J 중·고등학교 시절(La juventud)에 대해 서로 묻고 대답해 봅시다.

1. ¿Cómo eras físicamente? ¿Eras alto/a, bajo/a, delgado/a o gordo/a?

2. ¿Cómo eras de carácter? ¿Eras tímido/a, atrevido/a, tranquilo/a o nervioso/a?

3. ¿Cómo se llamaba tu escuela secundaria?

4. ¿Vivías lejos o cerca de la escuela?

5. ¿Eras puntual o llegabas tarde a escuela?

6. ¿Qué asignatura preferías? ¿Inglés, matemáticas, física, química, música, arte...? ¿Sacabas buenas notas? ¿Eras buen/a estudiante?

7. ¿En qué actividades participabas? ¿En actividades deportivas? ¿En teatro? ¿Eras socio/
   a de algún club(dongari)?

   ____

8. ¿Qué hacías después de clase todos los días? ¿Estudiabas mucho? ¿Salías con tus
   amigos? ¿Adónde ibais?

   ____

9. ¿Visitabas a tus parientes? ¿Qué hacías con ellos?

   ____

10. ¿Salías de vacaciones con tus padres? ¿Adónde ibais? ¿Te gustaba?

   ____

11. ¿Qué te gustaba hacer en tu tiempo libre?

   ____

(K) 최근 5년 동안의 변화를 스페인어로 묻고 대답해 봅시다.

1. ¿Ahora trabajas mucho? ¿Y antes trabajabas mucho?

   ____

2. ¿Sales mucho de noche? ¿Y hace cinco años?

   ____

3. ¿Comes mucha carne? ¿Antes también comías mucha carne?

   ____

4. ¿Haces deporte? ¿Con qué frecuencia? ¿Y antes?

   ____

5. ¿Desde cuándo estudias español? Y antes, ¿qué estudiabas?

   ____

6. ¿Qué haces en vacaciones? Y antes, ¿qué hacías?

   ____

7. ¿Fumabas? ¿Y ahora no fumas?

   ____

8. ¿Ahora vives en Seúl? ¿Con tus padres? ¿Vives en un piso? ¿Y antes?

   ____

9. ¿Ahora coges el metro o el autobús para ir al trabajo? ¿Y antes?

   ____

10. ¿Ahora llevas gafas? ¿Y antes también llevabas gafas?

   ____

플라멩코란?

스페인 남부 안달루시아 지방의 민속음악인 플라멩코는 현란한 발구르기 및 팔과 몸의 움직임으로 구성된 춤(baile), 손뼉치기(palmas), 노래(cante)와 기타 연주(toque de la guitarra)가 어울어져 만들어 내는 종합 예술이다. 플라멩코의 본고장인 안달루시아(Andalucía) 지방, 즉 세비야(Sevilla), 코르도바(Córdoba), 그라나다(Granada), 말라가(Málaga), 까디스(Cádiz) 등지가 플라멩코의 본고장으로 유명한 플라멩코 댄서들이 공연하는 타블라오(tablao)에서 플라멩코 공연을 쉽게 접할 수 있다. 또한, 세비야에서는 2년마다 9월이면 플라멩코 축제인 비엔날레(Bienal de flamenco)가 열리는데 100여개의 공연이 선보이며, 전 세계의 플라멩코를 사랑하는 관광객들이 모여든다. 스페인의 대표적인 부부 2인조 그룹인 Lole y Manuel의 대표곡 "Dime"를 배워 보도록 하자.

Dime...

Si has "mentío" alguna vez
y dime si cuando lo hiciste sentiste vergüenza de ser embustero.

Dime, dime, dime...

Si has "odiao" alguna vez
a quién hiciste creer un cariño de verdad, dime...

Si sientes tu corazón, como en sí mismo
el dolor de tus hermanos, dime, dime, dime...

Si has "cortao" alguna flor
sin que temblaran tus manos, dime...

Si de verdad crees en Dios
como crees en el fuego cuando te quema, dime, dime, dime...

Si es el cielo tu ilusión
o es la verdad en la Tierra, dime...

A cada cosa, sí o no, y entonces sabré yo
si eres mi sueño, dime, dime, dime, dime...

A cada cosa sí o no, y entonces sabré yo
cuál es tu credo.

Dime...

Capítulo 16

Expresar sentimientos
감정 표현

Consejos
충고

Opiniones
자신의 의견 표현

- 접속법 현재
- 소망 / 희망
- 가치 판단
- 충고 / 제안
- 감정표현
- Cuando 절
- Para que 절
- Aunque 절
- 스페인 민속춤 세비야나쓰 / 노래 "El Adiós"

Capítulo 16
- Expresar sentimientos
- Consejos
- Opiniones

Ⓐ Presente de subjuntivo

1. Verbos regulares

	Hablar	Comer	Escribir
Yo	hable	coma	escriba
Tú	hables	comas	escribas
Él/ella/usted	hable	coma	escriba
Nosotros	hablemos	comamos	escribamos
Vosotros	habléis	comáis	escribáis
Ellos/ellas/ustedes	hablen	coman	escriban

2. Verbos irregulares

Pensar	Divertirse	Volver	Dormir	Pedir
piense	me divierta	vuelva	duerma	pida
pienses	te diviertas	vuelvas	duermas	pidas
piense	se divierta	vuelva	duerma	pida
pensemos	nos divirtamos	volvamos	durmamos	pidamos
penséis	os divirtáis	volváis	durmáis	pidáis
piensen	se diviertan	vuelvan	duerman	pidan

Infinitivo	Indicativo	Subjuntivo
Conocer	conozco	conozca, conozcas, conozca, conozcamos, conozcáis, conozcan
Construir	construyo	construya, construyas, construya, construyamos, construyáis, construyan
Decir	digo	diga, digas, diga, digamos, digáis, digan
Hacer	hago	haga, hagas, haga, hagamos, hagáis, hagan
Oír	oigo	oiga, oigas, oiga, oigamos, oigáis, oigan
Poner	pongo	ponga, pongas, ponga, pongamos, pongáis, pongan
Recoger	recojo	recoja, recojas, recoja, recojamos, recojáis, recojan
Salir	salgo	salga, salgas, salga, salgamos, salgáis, salgan
Tener	tengo	tenga, tengas, tenga, tengamos, tengáis, tengan
Traer	traigo	traiga, traigas, traiga, traigamos, traigáis, traigan
Venir	vengo	venga, vengas, venga, vengamos, vengáis, vengan
Ver	veo	vea, veas, vea, veamos, veáis, vean
Dar	doy	dé, des, dé, demos, deis, den
Estar	estoy	esté, estés, esté, estemos, estéis, estén
Ir	vaya	vaya, vayas, vaya, vayamos, vayáis, vayan
Ser	soy	sea, seas, sea, seamos, seáis, sean
Saber	sé	sepa, sepas, sepa, sepamos, sepáis, sepan

Ⓑ Uso del subjuntivo

1. Expresar deseos

Querer + infinitivo	Querer que + subjuntivo
주어가 동일 인물일 때	주어가 두 개일 때
¿Quieres hablar de tu trabajo?	Quiero que me hables de tu clase.

2. Valorar situaciones y hechos

<table>
<tr><td colspan="2" align="center">Valorar</td></tr>
<tr><td>Está claro
Es cierto + que + 직설법
Es verdad</td><td>Es verdad que existen formas diferentes de aprender.</td></tr>
<tr><td>Es normal
Es importante
Es lógico   + 동사원형 / que + 접속법
Es mejor
Es conveniente</td><td>Es conveniente estudiar mucho vocabulario.
Es mejor que practiques las conjugaciones.</td></tr>
</table>

3. Dar consejos y sugerencias

<table>
<tr><td align="center">Órdenes / Consejos / Sugerencias</td></tr>
<tr><td>Te recomiendo que vayas al médico.
Te aconsejo que estudies más.
Les prohíbo que se casen tan jóvenes.
Me dice que la lleve al aeropuerto.
Te ordeno que me traigas los documentos.</td></tr>
</table>

4. Expresar sentimientos

Expresar sentimientos			
A mí	me	da vergüenza da miedo preocupa	+ 동사원형 A mí me preocupa olvidarme del vocabulario.
A ti	te		
A él/ella/usted/Rosa	le	alegra	
A nosotros/nosotras	nos	pone nervioso/a hace feliz	+ 접속법 현재 A mí me preocupa que el profesor me suspenda.
A vosotros/vosotras	os	fastidia	
A ellos/ellas/ustedes	les	molesta	

5. Cuando + subjuntivo

Cuando + 직설법 현재, 현재 동사

Cuando tengo tiempo, salgo a correr por el parque.

Cuando + 접속법 현재, 미래동사

Cuando llegue el invierno, iré a esquiar a la montaña.

6. Para que + subjuntivo

Para + infinitivo	Para que + subjuntivo
Llamo al restaurante para reservar una mesa.	Llamo al veterinario para que cure a mi perro.

7. Aunque + subjuntivo

Aunque + indicativo	Aunque + subjuntivo
Aunque soy pobre, soy feliz. Aunque tiene 80 años, está estupendamente de salud.	Aunque sea pobre, seré feliz. Aunque tenga 80 años, estará estupendamente de salud.

A 다음 명령문은 la prima, la madre 혹은 la profesora 중 누가 하는 명령인지 구분해 봅시다.

	LA PRIMA	LA MADRE	LA PROFESORA
1. Haz los deberes antes de acostarte.	☐	☐	☐
2. Entrega el informe a tiempo.	☐	☐	☐
3. Sal de mi cuarto.	☐	☐	☐
4. No toques mi muñeca.	☐	☐	☐
5. No grites, estoy hablando por teléfono.	☐	☐	☐
6. No escribas en tu pupitre.	☐	☐	☐
7. Juega conmigo, por favor.	☐	☐	☐
8. No me tires del pelo.	☐	☐	☐
9. Escribe las respuestas en la pizarra.	☐	☐	☐
10. Explícamelo otra vez, por favor.	☐	☐	☐
11. Báñate y lávate los dientes.	☐	☐	☐
12. No te duermas en clase.	☐	☐	☐

a. Elena está cuidando
a su hermanito con su amiga
Carmen. Son las cinco y tienen
hambre.

b. Alicia está estudiando con Pedro
y le duele mucho la cabeza.

c. Víctor le está enseñando su
nuevo ordenador a su amigo
Álex.

d. Sonia está sola en casa
y se aburre mucho.

1. Un compañero: siempre llega tarde a clase.

2. Una estudiante en su clase de español: quiere sacar buenas notas.

3. Un amigo: tiene una ex novia que ya no le gusta, pero ella es muy insistente.

4. Una amiga: va a salir con un chico a quien no conoce muy bien.

5. Una estudiante: tiene 18 años y quiere casarse en vez de seguir sus estudios.

6. Un amigo: quiere dejar de fumar.

7. Su hijo: tiene 14 años, está enamorado y pasa mucho tiempo cada noche mandándose mensajes con su novia.

8. Su hija: quiere hacerse un tatuaje de su grupo musical favorito.

D 행복한 삶을 위한 충고를 해 봅시다.

> 보기) Para vivir feliz, es indispensable que uno...
>
> es importante que uno...
>
> no es necesario que uno...

1. tener paciencia
2. cuidar su salud
3. tener pareja
4. visitar a la familia y a los amigos con frecuencia
5. trabajar por el gusto de trabajar y no solamente para ganar dinero
6. dormir ocho horas diarias
7. casarse con una persona físicamente atractiva
8. no abusar de las drogas ni del alcohol

 다음 직업을 가진 사람이 갖추어야 할 꼭 필요한 조건에 대해 말하고 어떤 직업인지 추측해 봅시다.

보기) ● Es necesario que sea amable y que le guste el contacto con la gente. Trabaja de pie. Sirve comidas o bebidas.
○ Es camarero.

Profesión	Algunos verbos
cartero panadero socorrista peluquera cocinero profesor electricista enfermero dentista químico diseñadora farmacéutica periodista veterinario guía turístico bombero	enseñar preparar escribir cortar atender cuidar servir diseñar proteger investigar estudiar organizar entrevistar viajar analizar reparar diagnosticar vender elaborar redactar curar

F 다음과 같은 문제점을 가진 자녀를 둔 부모님에게 적절한 충고를 연결해 봅시다.

LOS PADRES

1. Queremos que nuestro hijo sepa leer bien.
2. Queremos que los niños aprendan a comer variado.
3. No queremos que nuestro hijo sea violento.
4. No queremos que nuestro hijo se chupe el dedo constantemente.
5. No queremos que nuestros hijos sean racistas.
6. En la guardería hay un niño que muerde a mi hija.
7. Nuestra hija molesta a su hermanita menor.

LOS CONSEJOS

a. Es importante que preparen comidas variadas en casa.
b. Les recomiendo que nunca hagan comentarios racistas delante de los niños.
c. Les aconsejo que le compren muchos libros y que lo lleven a la biblioteca a menudo.
d. Es necesario que vean a un psiquiatra lo más pronto posible.
e. Les aconsejo que no le permitan ver programas violentos en la televisión.
f. Les recomiendo que hablen con el niño y que le pregunten qué le pasa.
g. Les sugiero que hablen con su hija y que le pregunten por qué es tan cruel con su hermana.

G Víctor와 Virginia는 수업 시간에 하는 활동들에 대해 말하고 있다. 녹음을 듣고 참(Verdadero)과 거짓(Falso)표시해 봅시다.

1. A Víctor se le da muy bien hablar en chats.
2. A Virginia se le da fatal hacer ejercicios de gramática.
3. A Víctor le cuesta mucho escuchar grabaciones.
4. A Virginia no le cuesta escribir redacciones.
5. A Víctor se le da muy bien la gramática.
6. A Virginia se le da muy bien simular situaciones.
7. A Víctor le cuesta mucho memorizar las conjugaciones.
8. A Virginia le resulta muy difícil escuchar los CDs.

Expresar facilidad y dificultad

Dársele (muy, bastante) bien / (muy, bastante) mal / fatal / mejor / peor...
· A mí se me dan bastante bien las matemáticas. ¿Y a ti qué tal se te dan?
· Pues a mí se me dan un poco mal.

Resultarle (muy) fácil / (un poco) difícil...
· Me resulta fácil conjugar los verbos, pero hacer dictados no.

Costarle un poco / bastante / mucho
· Me cuestan muchísimo los verbos, pero el vocabulario no.

H Siempre, generalmente, a veces, nunca 등의 빈도 부사를 사용하여 다음 보기와 같이 문장을 만들어 봅시다.

> **보기)** Cuando tengo dolor de cabeza, generalmente tomo aspirinas.

1. Cuando tengo fiebre...
2. Cuando tengo dolor de estómago...
3. Cuando tengo dolor de cabeza...
4. Cuando tengo gripe...

Posibilidades

me acuesto   consulto con el médico   tomo jarabe   corro

descanso   me pongo algo frío en la frente   me quedo en la cama

tomo aspirinas   tomo té caliente   hago ejercicio   leo

tomo el sol en la playa   tomo muchos líquidos

escucho música clásica

I 다음 세 명의 학생들의 대화를 듣고 각자의 진로의 순서를 올바르게 정렬해 봅시다.

Marta

| ▶ Terminar el instituto | Conseguir un trabajo de una revista | Hacer un curso de fotografía | Hacer una exposición | Practicar y ganar experiencia |

Ana

| ▶ Empezar a trabajar | Acabar la carrera | Aprobar los exámenes | Salir de la facultad | Tener una consulta |

Pepe

| ▶ Aprobar un examen de ingreso | Obtener el certificado de aptitud | Hacer un curso | Hacer unas pruebas físicas | Empezar el período de prácticas |

J Roberto는 병원에서 환자를 방문하는 봉사를 하고 있다. 다음 대화를 듣고 아래
문장들을 서로 연결하고 접속법 현재형으로 동사변화시켜 봅시다. (60)

- Roberto da unos libros a doña Rosa
- Se queda con doña Rosa
- Doña Rosa le da una carta a Roberto   para que
- Roberto va a llamar al doctor
- Doña Rosa le da bombones a Roberto
- Roberto pone la tele

○ no (estar) _____________ sola.
○ no (aburrirse) _____________
○ (ponerle) _____________ una inyección a doña Rosa.
○ la (echar) _____________ al buzón.
○ Doña Rosa (poder) _____________ ver la telenovela.
○ (probarlos) _____________

K 다음 보기와 같이 서로 대화해 봅시다.

보기)
- Paciente: Doctor(a), tengo el tobillo hinchado.
- Doctor: Si tiene el tobillo hinchado, póngalo en agua fría.

Síntomas	Remedios
1. Tengo una herida en el brazo.	a. Consulte con el dentista.
2. Estoy resfriado.	b. Haga gárgaras de agua con sal.
3. Tengo fiebre.	c. Tome vitamina C.
4. Tengo dolor de muelas.	d. Beba muchos líquidos y descanse.
5. Tengo diarrea.	e. Póngase gotas.
6. Tengo la nariz tapada.	f. Póngase una venda.
7. Me duele la garganta.	g. Coma arroz y puré de manzana.
8. Me corté el dedo.	h. Tome aspirinas.
9. Me duele la cabeza.	i. Póngase una tirita.
10. Tengo un esguince en el tobillo.	j. Use muletas o no camine.
	k. _____________

세비야나스(Sevillanas)

　세비야나스는 플라멩코의 특징과 정서가 살아있는 안달루시아 지방의 대표적인 민속춤으로 1절부터 4절까지 있으며 대부분의 스페인 사람들은 4월에 있는 스페인의 축제 Ferias에서 거리로 나와 치마를 나풀거리며 이 춤을 춘다. 세비야나스의 대표곡인 "El Adiós"의 1절만 배워 보도록 하자.

Algo se muere en el alma
cuando un amigo se va

cuando un amigo se va
Algo se muere en el alma
cuando un amigo se va
Algo se muere en el alma
cuando un amigo se va

cuando un amigo se va
y va dejando una huella
que no se puede borrar
y va dejando una huella
que no se puede borrar

ESTRIBILLO:
No te vayas todavía
no te vayas, por favor
no te vayas todavía
que hasta la guitarra mía
llora cuando dice adiós

Capítulo 17

Plan de viaje
여행 계획 세우기

En la farmacia
약국에서

Aconsejar a los amigos
친구에게 충고하기

Pedir un favor con cortesía
정중하게 부탁하기

- 접속법 과거
- 단순조건절

A Pretérito imperfecto de subjuntivo

Verbos regulares		
	Hablar 단순과거 3인칭 복수형 habla-ron	Comer 단순과거 3인칭 복수형 comie-ron	Vivir 단순과거 3인칭 복수형 vivie-ron
Yo	hablara	comiera	viviera
Tú	hablaras	comieras	vivieras
Él/ella/usted	hablara	comiera	viviera
Nosotros	habláramos	comiéramos	viviéramos
Vosotros	hablarais	comierais	vivierais
Ellos/ellas/ustedes	hablaran	comieran	vivieran

Verbos irregulares		
Pedir	pidie-ron	pidiera, pidieras...
Dormir	durmie-ron	durmiera, durmieras...
Dar	die-ron	diera, dieras...
Estar	estuvie-ron	estuviera, estuvieras...
Hacer	hicie-ron	hiciera, hicieras...
Ir	fue-ron	fuera, fueras...
Poner	pusie-ron	pusiera, pusieras...
Poder	pudie-ron	pudiera, pudieras...
Saber	supie-ron	supiera, supieras...

B Condicional simple

Verbos regulares			Verbos irregulares	
			Decir	diría
Yo	Cantar	-ía	Poder	podría
Tú		-ías	Poner	pondría
Él/ella/usted		-ía	Querer	querría
Nosotros	Comer	-íamos	Saber	sabría
Vosotros		-íais	Tener	tendría
Ellos/ellas/ustedes	Escribir	-ían	Venir	vendría
			Hacer	haría

C Oraciones condicionales

Si + Pretérito imperfecto de subjuntivo + Condicional simple

Si fuera actor, rodaría películas de aventuras.

Si fuera millonario, daría la vuelta al mundo.

D Expresar deseos

Expresar deseos			
A mí	me		+ 동사원형
A ti	te		Me gustaría ir a España y practicar el español.
A él/ella/usted/María	le	gustaría	
A nosotros/nosotras	nos	encantaría	+ 접속법 과거
A vosotros/vosotras	os	interesaría	Me encantaría que mis padres vinieran a Argentina.
A ellos/ellas/ustedes	les		

Actividades

A 다음 세 명의 학생들은 라디오 프로그램의 기자와 자신의 문제점을 상담하고 있다. 녹음을 듣고 각각의 문제점과 해당되는 사람을 연결해 봅시다. 62

Ana

Fiona

Marta

a. No se lleva bien con su hermana.

b. Cree que sus padres no la entienden.

c. Quiere salir con un chico, pero le cuesta mucho hablar con él.

B 다음 대화는 어떤 고객과 약사와의 대화 내용이다. 대화를 정렬해 본 다음 맞는지 확인해 봅시다. ⏻**63**

( ) Cliente	:	Pues... una caja de aspirinas también.
( ) Farmacéutica	:	¿De pastilla normal o efervescentes?
( ) Cliente	:	Muy bien, voy a llevármelo.
(1) Farmacéutica	:	¡Buenos días! ¿Qué quería?
( ) Cliente	:	Preferiría de pastilla. ¿Cuánto es todo?
( ) Farmacéutica	:	Una cucharada cada seis horas. Cada seis horas, ¿eh? Tres veces al día es suficiente.
( ) Cliente	:	¿Le importaría repetirme la dosis?
( ) Farmacéutica	:	Sí, desde luego. Yo que usted tomaría este jarabe. Una cucharada cada seis horas.
( ) Cliente	:	Pues es que tengo mucha tos y me duele la garganta. ¿Podría recomendarme algo eficaz?
( ) Farmacéutica	:	6,55 euros.
( ) Farmacéutica	:	Aquí tiene. ¿Necesita algo más?

Lupe   : ¿Dónde nos ______________ en España?

Javier : ¿Y si ______________ un hotel?

Lupe   : Anda, ¡un hotel ______________ muy caro!

Javier : Depende... Yo tengo la dirección de una pensión que no es muy cara.

Lupe   : A mí, la verdad, me ______________ alquilar un piso.

Javier : ¿Y si ______________ con mi amigo Pedro? Él vive en un piso muy grande y tiene una habitación libre.

Lupe   : ¿Los dos en una habitación? Hombre, lo mejor sería buscar un piso que tenga dos habitaciones.

Javier : ¿Y si ______________ en las residencias universitarias?

Lupe   : Es que en esta época del año no hay habitaciones libres.

Javier : ¿Y si ______________ a una agencia?

Lupe   : A mí, la verdad, me gustaría que nos ______________ en una pensión los primeros días y, cuando estemos allí, buscáramos un piso para los dos.

Javier : Sí, así ______________ más fácil. ______________ buscar en el periódico o ir a una agencia.

Lupe   : Me parece buena idea. Tú Javier tienes la dirección de una pensión, ¿no?

Javier : Sí, aquí está. A ver... Pensión "Santa María".

Lupe   : ¿Por qué no llamamos para preguntar si tienen habitaciones libres en agosto?

Javier : Vale.

D Rubén과 Matilde는 수학여행지에 대해 이야기하고 있다. 녹음을 듣고 다음 각 문장이 누구에게 해당하는지 말해 봅시다. 🎧65

1. A ______________ le gustaría visitar Chiapas.
2. A ______________ le gustaría conocer Europa.
3. A ______________ le encantaría que practicaran actividades acuáticas.
4. A ______________ le encantaría que los llevaran a los pueblos pequeños.
5. A ______________ le gustaría ir a Acapulco.
6. A ______________ le gustaría que visitaran las ciudades más modernas y museos.
7. A ______________ le gustaría que los llevaran a las pirámides.
8. A ______________ les gustaría salir de fiesta por la noche.

E 다음과 같은 경우에 어떻게 할 것인지 상상하여 스페인어로 말해 봅시다.

> 보기) Si estuviera en una playa del Caribe, tomaría el sol todo el día.

1. Si ahora mismo estuviera en una playa del Caribe...
____

2. Si yo fuera un personaje famoso...
____

3. Si hablara perfectamente español...
____

4. Si pudiera viajar en el tiempo...
____

5. Si me regalaran un millón de dólares...
____

6. Si supiera que el mundo se acaba...
____

7. Si me tocara, en un concurso, un viaje a cualquier lugar del mundo...
____

8. Si pudiera elegir mi nacionalidad...
____

> 보기) ● Quiero hacer un curso de español en Colombia, pero no sé dónde buscar información.
> ○ Yo buscaría información en Internet.

1. Siempre tengo dolor de cabeza. He ido a varios médicos pero no saben lo que tengo.

2. Tengo ya 43 años y me gustaría casarme, pero no encuentro pareja.

3. No sé cocinar, pero me gusta comer cosas buenas y saludables.

4. No me gusta el trabajo que tengo y, además, mi jefe es insoportable.

5. Estoy buscando una casa que no sea muy cara pero que tenga jardín, aunque sea pequeño.

6. Mis vecinos hacen mucho ruido por la noche, escuchan música muy fuerte, hacen fiestas...

7. Ya llevo un año estudiando español, pero todavía me cuesta mucho hablarlo.

8. Mañana tengo una entrevista de trabajo y estoy histérico.

9. Me he enamorado de la pareja de mi mejor amigo.

10. Me he peleado con mi pareja por una tontería.

G 다음 보기와 같이 서로 정중하게 부탁해 봅시다.

보기) ● Necesitas recoger un análisis de sangre en la farmacia.
○ ¿Podrías recogerme el resultado del análisis de sangre?

1. Tienes que ir al taller mecánico a recoger el coche, pero no tienes tiempo para ir. Le pides a tu hermano que vaya.

2. Vas por la calle buscando una farmacia. Le pides a un peatón que te explique cómo llegar a la más cercana.

3. Tienes alergia al chorizo. No puedes ir a la tienda porque te llenas inmediatamente de granos. Le pides a un amigo que vaya a la tienda para comprarlo.

4. Estás sentado al lado de un hombre que está fumando. Como estás embarazada, no puedes soportar el humo. Le pides que apague el cigarrillo.

쿠바 음악 "부에나 비스타 소셜클럽" (Buena Vista Social Club)

　쿠바 음악의 한 조각이라고 볼 수 있는 "부에나 비스타 소셜클럽"은 1940년대 절정을 이루었던 클럽의 멤버들을 다시 찾아 모으는 과정을 다큐멘터리 영화로 제작을 한 영화이다. 당시 쿠바 음악의 거장들의 주옥 같은 노래들을 담은 "부에나 비스타 소셜 클럽"의 노래들 중 콤빠이 세군도(Compay Segundo)와 오마라 뽀르투온도(Omara Portuondo)가 같이 부른 "Veinte años"를 배워 보도록 하자.

¿Qué te importa que te ame
si tú no me quieres ya?
El amor que ya ha pasado
no se debe recordar.
Fui la ilusión de tu vida
un día lejano ya.

Hoy represento al pasado
no me puedo conformar.
Hoy represento al pasado
no me puedo conformar.

Si las cosas que uno quiere
se pudieran alcanzar,
tú me quisieras lo mismo
que veinte años atrás.
Con qué tristeza miramos
un amor que se nos va.

Es un pedazo del alma
que se arranca sin piedad.

부록

듣기 대본

Diálogo 1

- Hola, Teresa. ¿Qué tal?
- Bien. Mira, este es Álvaro.
- Hola, ¿qué tal?
- Bien, ¿y tú?
- Bien, bien. Bueno, hasta luego.

Diálogo 2

- Buenos días, Sr. Torres. ¿Qué tal está?
- Muy bien, gracias. Mire, le presento a la Srta. Navarro.
- Encantada.
- Mucho gusto.

Diálogo 1

- Bueno, me voy.
- Vale, pues nos llamamos, ¿no?
- Claro, venga, te llamo.
- ¡Chao, hasta pronto!
- ¡Nos vemos! Adiós.

Diálogo 2

- ¡Hola, Sara! ¿Qué tal?
- Muy bien, genial. ¿Y tú? ¿Cómo te va todo?
- Bien también. ¡Cuánto tiempo!
- Pues por lo menos dos años. ¿no?
- O más, creo. Me alegro de verte.

Diálogo 3

● Bien, bien, no me puedo quejar. ¿Y tú qué tal?

○ Pues tirando...

● ¿Y la familia?

○ Muy bien, gracias.

Diálogo 4

● Bueno, pues nada, que me tengo que ir.

   Es que tengo un montón de cosas que hacer.

   Me alegro mucho de verte.

○ Sí, yo también. Venga, adiós. ¡Y recuerdos a tu familia!

● Igualmente. ¡Y un abrazo muy fuerte a tu madre!

○ A la tuya también. ¡Adiós!

● Chao, hasta luego.

Javier: Ana, por favor, ¿cómo se dice "bank" en español?

Ana: Se dice "banco".

Javier: ¿Puedes repetir, por favor?

Ana: Ban-co.

Javier: ¿Cómo se escribe, con be o con uve?

Ana: Con be.

Javier: "Banco". ¿Así está bien?

Ana: Sí, muy bien.

1. Oiga, por favor, ¿me puede traer la carta?

2. Hola. ¿Cómo estáis?

3. Oye, te llamo este sábado, ¿vale?

4. Venga hombre, tómate algo.

5. Hola, buenas tardes. ¿Qué desean?

6. Bueno, pues adiós. Me alegro de verle y recuerdos a su familia.

7. Señores, les presento a Aurora Hernández, nuestra diectora comercial.

8. ¿Qué queréis tomar?

1.

● Hola, buenos días.

○ Hola.

● ¿Cómo te llamas?

○ Danis.

● ¿Y tu apellido?

○ Vigny.

● ¿Vigny cómo se escribe?

○ V-I-G-N-Y.

● ¿De dónde eres?

○ Soy de Francia.

● ¿A qué te dedicas?

○ ¿Mi trabajo? Soy camarero.

● Gracias. Enseguida te llamarán para hacer el test de nivel.

2.

● Hola. ¿Tu nombre, por favor?

○ Alice Johnson.

● ¿De dónde eres?

○ De Estados Unidos, de las Vegas.

● Ah, de las Vegas, vale. ¿Y cúantos años tienes?

○ Veintiuno.

● Veintiuno... ¿En qué trabajas?

○ Soy estudiante.

● Perfecto, gracias. Pues mira, siéntate aquí y espera un momento.

3.

● Hola, buenas.

○ Hola.

● ¿Cuál es tu nombre?

○ Raimundo Bavaresco.

● Bien, Raimundo. ¿Tu nacionalidad?

○ Brasileño.

● ¿Edad?

○ Treinta y dos.

● ¿Profesión?

○ Soy periodista.

● Muy bien, gracias.

4.

● Hola, ¿qué tal?

○ Hola, buenos días.

● ¿Cómo te llamas?

○ Yuri.

● ¿Con i griega o con jota?

○ Con i griega.

● ¿Y cuál es tu apellido?

○ Es Park. P-A-R-K.

● ¿De dónde eres?

○ De Corea.

● ¿De qué ciudad? ¿De Seúl?

○ No, de Busán.

● Ah, Busán, muy bien. ¿Y cuántos años tienes?

○ Tengo veinticuatro.

● ¿A qué te dedicas?

○ ¿Cómo?

● ¿Que cuál es tu profesión?

○ Ah, soy enfermera.

F

1. Soy Felipe. Yo estudio español por mi trabajo. Trabajo en una empresa de comercio, tengo muchos clientes españoles y quiero comunicarme con ellos.

2. Yo me llamo Luisa. Tengo muchos amigos en Sudamérica y ellos solo hablan español. Estudio español para hablar con ellos por Internet.

3. Me llamo Rafa. Estudio español porque quiero leer novelas en español. Me encanta la literatura latinoamericana.

4. Soy Emilia Jiménez. Estudio español para viajar por los países sudamericanos. Quiero conocer Argentina, Colombia, Costa Rica, Chile...

5. Me llamo Luis Camacho. Estudio español porque estoy enamorado de mi novia mexicana y quiero hablar con ella en español.

6. Yo soy Mercedes Rivero. Me encantan la cultura y la gente de España. ¡Quiero vivir allí!

Paulo	: ¿Cómo es tu familia?
Rosa	: Somos cinco: mi padre, mi madre, una hermana mayor, un hermano menor y yo.
Paulo	: ¿Cuántos años tienen tus padres?
Rosa	: Mi padre tiene sesenta años, y mi madre, cincuenta y ocho.
Paulo	: ¿Qué hacen tus padres? ¿Trabajan o están jubilados?
Rosa	: Mi padre ya no trabaja, está jubilado y mi madre es ama de casa.
Paulo	: ¿A quién te pareces tú, a tu padre o a tu madre?
Rosa	: Físicamente, me parezco mucho a mi madre. Soy alta, como ella. De carácter me parezco más a mi padre.
Paulo	: ¿Cómo se llaman tus hermanos?
Rosa	: Mi hermana se llama Lucía y mi hermano se llama Alberto.
Paulo	: ¿A qué se dedican?
Rosa	: Mi hermana trabaja en un hospital, es enfermera. Y mi hermano estudia en la universidad.
Paulo	: ¿Cuántos años tienen?
Rosa	: Mi hermana tiene veintinueve años y mi hermano tiene diecinueve.
Paulo	: ¿Tu hermana está casada o soltera?
Rosa	: Ella está divorciada.
Paulo	: ¿Cómo es tu hermana?
Rosa	: Es muy guapa, sociable y artística. Y es una persona muy divertida. Siempre está de buen humor.
Paulo	: ¿Qué tal te llevas con tus hermanos? ¿Te llevas bien o mal?
Rosa	: Con mi hermana me llevo muy bien. Ella es un sol. Es la persona más generosa que conozco. Pero con mi hermano Alberto no me llevo muy bien. Discutimos a menudo. Siempre está enfadado conmigo y no sé... Es muy raro.
Paulo	: ¡Qué pena! ¿Tienes perros o gatos?
Rosa	: Tengo un perro que se llama Elvis. Le encanta cantar.
Paulo	: ¿Con quién vives ahora?
Rosa	: Vivo con mis padres y mi hermano. Mi hermana Lucía vive separada de mi familia.
Paulo	: ¿Dónde vive Lucía?
Rosa	: Vive muy cerca de mi casa.

Paulo   : ¿Ves a menudo a tu hermana?

Rosa   : Sí, casi todos los días la veo. Me encanta salir con ella.

Carmen   : Lucía, ¿te gustan los chicos de nuestra clase?

Lucía   : Sí... Sobre todo Sebastián. Es superguapo. Se parece a Brad Pitt.

Carmen   : ¡Brad Pitt! ¡Qué dices!

Lucía   : Sí... Es alto, delgado, rubio... Y es muy simpático. Esta mañana he hablado con él y es muy agradable.

Carmen   : Es bastante hablador, pero es un poco orgulloso. ¿No crees?

Lucía   : No, no es orgulloso... Es muy simpático.

Carmen   : Pues a mí no me gusta, no es mi tipo. A mí me gusta más Pablo, porque es muy gracioso y moreno.

Lucía   : ¿Gracioso? ¡Qué dices! Es bastante tímido.

Carmen   : Bueno... Es un poco reservado, y también es educado.

Lucía   : ¡Bah! Es tímido y aburrido.

Carmen   : ¡Cuidado! Ahí vienen.

1. Isabel: Soy su mejor amiga. La conozco bastante bien. Matilde es muy simpática y muy graciosa. No es ni orgullosa ni egoísta. A veces parece un poco nerviosa, pero es bastante tranquila, nunca se enfada.

2. El profesor: Mi alumna Matilde es muy inteligente y trabajadora. A veces es un poco tímida, sobre todo cuando tiene que hablar delante de sus compañeros. Sin embargo, es bastante habladora. En el instituto tiene muchos amigos y es muy sociable. Ah... y también es muy educada.

3. Su madre: Mi hija Matilde es muy buena y cariñosa. Pero es un poco vaga. En casa, no hace nada. Y es muy desordenada: su habitación es un desastre.

4. Su hermano: Mi hermana es muy habladora y a veces habla durante más de una hora por teléfono con sus amigas. Es muy desordenada y un poco traviesa. Y es egoísta porque

nunca quiere prestarme sus CDs.

5. Pedro: ¿Que cómo es Matilde? Es mi ex novia. Parece simpática, pero no lo es. Es bastante mentirosa. Todo el mundo dice que es muy divertida, pero eso es mentira. No es nada divertida, es aburrida y tonta.

Paula	: ¡Hola! ¿Qué te pasa, Sebastián? Tienes mala cara.
Sebastián	: Sí, estoy un poco mal. Tengo gripe y estoy un poco mareado. ¿Y a ti cómo te va la vida?
Paula	: Pues bien. No me puedo quejar.
Sebastián	: ¿Qué estás haciendo ahora?
Paula	: He cambiado de trabajo hace un año y ahora estoy trabajando para varias productoras de cine.
Sebastián	: ¡Ah, qué bien!
Paula	: Me encanta mi trabajo y estoy muy a gusto. ¿Y tú? ¿Qué haces?
Sebastián	: Yo estoy trabajando en la empresa de mi hermano y estoy muy contento. ¿Y de novios qué tal? ¿Estás saliendo con alguien?
Paula	: Pues mira, no. En este momento no salgo con nadie. ¿Y a ti de amores te va bien?
Sebastián	: Un poco mal. Mi novia se va a Japón a trabajar. Estoy muy triste y decepcionado. Y tengo miedo de quedarme solo.
Paula	: ¡Qué pena! ¿Por qué no le insistes en quedarse aquí?
Sebastián	: Ya sabes, es muy terca y nunca cambia de opinión. Y además está muy ilusionada con ir a Japón.
Paula	: ¡Ánimo! Ah, me tengo que ir. Tengo prisa. Te llamo y quedamos otro día.
Sebastián	: Venga, pues nos vemos otro día.

4과 Capítulo 4

- ¡Cuánta gente! No conozco a casi nadie.
- Es normal. Casi todos los invitados son de la familia.

- ¿Quién es ese señor que está al lado del novio?
- ¿El del bigote? Ese es mi primo: se llama Juan.
  Mira, ahí está mi hermana Rosa.
- ¿Quién es?
- Esa rubia del pelo largo.
- ¿Dónde?
- La chica del vestido rojo.
- ¡Ah, sí! ¡Qué guapa! ¿Y quién es esa señora gordita?
- ¿La del sombrero?
- Sí, la que está a lado de la tarta.
- Es mi tía. Se llama Aurora. Es muy simpática. ¿Ves ese chico que está detrás del novio?
- ¿Quién? ¿El de gafas?
- Sí, es Felipe. Es mi vecino. Es muy gracioso y trabaja en la telc.
- Parece muy simpático. ¿Quién es esa rubia del pelo corto?
- ¿La qué está fumando?
- Sí, la alta. La chica de gafas grandes.
- Es mi jefa, Isabel.
- Es muy joven, ¿no?
- Es muy elegante. Espera un momento, que te presento a un compañero de trabajo muy
  guapo.
- ¿A quién?
- A Pedro. Es ese moreno de las gafas de sol.
- No lo veo... ¿Dónde?
- Que sí, mujer. El hombre del pelo largo, el alto y peludo.
- ¡Ah, sí! Ya lo veo. Es guapísimo. ¿Me lo presentas?

Enero, febrero, marzo, abril, mayo, junio, julio, agosto, septiembre, octubre, noviembre, diciembre. Estos son los doce meses del año. Estos son los doce meses del año. Enero, febrero, marzo, abril, mayo, junio, julio, agosto, septiembre, octubre, noviembre, diciembre. Estos son los doce meses del año. Estos son los doce meses del año.

Paco se levanta a las ocho de la mañana, se ducha a las ocho y cuarto y desayuna un café con leche y una tostada. A las nueve se viste. Sale de casa a las nueve y cuarto y coge el autobús a las nueve y media. Llega al colegio a las diez y empieza las clases a las diez y cuarto. Come en la cafetería con sus compañeros a la una y media. Termina la clase a las cinco y cuarto y regresa a las seis. Cena con su familia a las ocho y media. Antes de acostarse, hace los deberes y ve un poco la tele. A las once se acuesta.

María ：José, ¿qué haces tú los fines de semana?

José ：Los sábados me levanto tarde... Bueno, a las diez o así. Cuando me levanto, desayuno, me ducho y me voy a la compra. Después, hago la limpieza. Por la tarde, estudio un rato y por la noche, muchas veces voy al cine con mis amigos. ¿Y tú?

María ：Pues yo los sábados prefiero levantarme temprano, porque me gusta salir a correr. Después, voy a la compra y cocino para toda la semana. Por la tarde voy al teatro con mi novio. Por la noche, voy a la discoteca porque me gusta mucho bailar.

José ：¿Y qué haces los domingos?

María ：Los domingos normalmente voy a ver alguna exposición, pero si hace buen tiempo, me gusta ir a la playa. Juego al vóley playa y tomo el sol. Por la noche, ceno con mis padres y descanso.

José ：Pues yo los domingos hago mucho deporte: juego al fútbol en un equipo y luego nado en la piscina. Por la tarde, después de comer, me echo la siesta en casa y veo la tele.

Juanito ：Mamá, mamá, ¿puedo bañar a Lasi?

Mamá ：Sí, hijo, pero antes de traer al perro, prepara el agua y el jabón.

Juanito ：Ya lo sé, mamá.

Mamá ：Perfecto, pero también vas a...

Juanito ：Mamá, tengo trece años. ¡Sé bañar al perro!

Mamá ：Bueno, hijo, después de bañarlo, sécalo bien.

Juanito ：Ya está todo listo, mamá.

Paqui : Juan, ¿qué te gusta hacer el fin de semana?

Juan : A mí me gusta salir de noche y estar con mis amigos, y también me encanta hacer deporte.

Paqui : ¿Qué deportes te gustan?

Juan : Me gustan el fútbol y el tenis. ¿Y a ti?

Paqui : A mí me gusta ir al cine, nadar y montar a caballo.

Juan : ¿Qué películas te gustan?

Paqui : Me encantan las películas de aventuras y las de risa. ¿Y a ti te gusta el cine?

Juan : Bueno, no tanto. Yo prefiero ver obras de teatro o ir a museos.

Diálogo 1

Reportero : Hola, buenos días. Trabajo en Radio Luna. ¿Qué te gusta hacer en tu tiempo libre?

Entrevistada : A mí me encanta escuchar música y me gusta leer.

Reportero : ¿Te gustan las novelas de amor?

Entrevistada : No me gustan nada los libros de amor y odio los libros de historia. Me gustan mucho las novelas policíacas.

Diálogo 2

Reportero : Hola, buenas tardes. Trabajo en Radio Luna. ¿Qué te gusta hacer en tu tiempo libre?

Entrevistada : A mí me encanta salir de noche con mis amigos y me gustan mucho los deportes.

Reportero : ¡Ah! ¿Te gusta el fútbol?

Entrevistada : No, odio el fútbol. Me gusta jugar al baloncesto.

Reportero : ¿A ti te gusta ir de compras como a todas las mujeres?

Entrevistada : No, no me gusta nada ir de compras, pero me gusta mucho pasear por la ciudad.

Reportero : ¿Te gusta fumar?

Entrevistada : ¡Qué va! No me gusta nada el tabaco. Odio el humo del tabaco, la verdad.

Raquel : Rubén, estoy haciendo una encuesta sobre los jóvenes. ¿Te puedo hacer unas preguntas?

Rubén : Sí, sí, muy bien.

Raquel : Primera pregunta: "¿Qué temas te interesan?"

Rubén : A mí me interesan mucho los deportes. Me gusta el fútbol, el baloncesto, el esquí... También me interesa la ciencia. Me encanta leer cosas sobre ciencia. Me divierte hacer experimentos en el laboratorio, conocer nuevos descubrimientos. Ah, la naturaleza también me interesa. Me encanta acampar en la montaña o estar en la playa. Me relajo mucho estando rodeado de naturaleza.

Raquel : Muy bien. Segunda pregunta: "¿Qué te preocupa?"

Rubén : Pues me preocupan mucho los problemas del medio ambiente. Me encantan los animales y la naturaleza, y por eso me molesta mucho lo que se está haciendo con el medio ambiente. Me preocupan la contaminación, los animales en peligro de extinción, la tala de bosques... También me preocupa la investigación genética. Me da miedo el desarrollo científico en ese sentido.

Raquel : Y última pregunta: "¿Cuáles son tus sueños?"

Rubén : Yo quiero viajar, dar la vuelta al mundo, conocer muchos países y conocer a personas interesantes. O quizás vivir en otro país durante un tiempo, por ejemplo en España. También quiero tener un trabajo interesante, algo relacionado con los animales, por ejemplo veterinario, o algo así.

Raquel : ¡Pues ya está! Muchas gracias, Rubén.

Camarera : ¿Qué van a tomar?

David : Pues yo, de primero, guisantes con jamón. Y de segundo, escalope. ¿De qué es el escalope?

Camarera : De ternera, muy bueno. Y lleva patatas.

David : Vale, pues un escalope con patatas.

Camarera : ¿Y usted?

Verónica : Yo... ¿La ensalada qué lleva?

Camarera : Es una ensalada mixta: lechuga, tomate, cebolla, atún, huevo duro...

Verónica : Vale, pues yo una ensalada mixta de primero, y de segundo, trucha con jamón.

Camarera : Perfecto. ¿Y de beber?

Verónica : ¿Tomamos vino?
David   : Sí, un poco de vino y agua.
Camarera : ¿Vino tinto?
David   : Sí.

David   : Oiga, un poquito más de pan, por favor.
Camarera : Ahora se lo traigo. ¿Qué van a querer de postre?
David   : Pues yo, arroz con leche.
Verónica : ¿Cuál es la fruta del tiempo?
Camarera : Melón y sandía.
Verónica : Pues yo, melón. ¿Y nos trae unas servilletas, por favor?
Camarera : Enseguida.

Cliente   : Buenas tardes.
Taquillera : Buenas tardes, dígame.
Cliente   : Mire, necesito información sobre los trenes de Madrid a Barcelona.
Taquillera : ¿Para qué día?
Cliente   : Para el 15 de agosto.
Taquillera : Hay un tren que sale a las 10:00 de la mañana y llega a las 12:30.
Cliente   : ¿Hay alguno por la tarde?
Taquillera : Sí, hay uno que sale a las 3:30 de la tarde y llega a Barcelona a las 6:00.
Cliente   : Me interesa más el de la tarde. ¿Puedo reservar una plaza?
Taquillera : Sí, claro. ¿Ida y vuelta?
Cliente   : Sí.
Taquillera : ¿Ventanilla o pasillo?
Cliente   : Pasillo, por favor.
Taquillera : ¿Fumador o no fumador?
Cliente   : Prefiero de no fumador.
Taquillera : ¿Asiento o litera?
Cliente   : Litera.
Taquillera : Perfecto, aquí tiene el billete. Vagón 14 y asiento 38.
Cliente   : ¿Cuánto es?
Taquillera : Son 10,50 euros

Cliente　　 : Aquí tiene, muchas gracias.

Taquillera　 : Gracias a usted.

<table><tr><td># 7과</td><td>**Capítulo 7**</td></tr></table>

Ester Serra

● ¿A ti te gusta tu barrio?

○ Sí, a mí me encanta mi barrio. Es que es un barrio muy especial, es bastante antiguo pero hay mucha gente joven, y muchos turistas. Está cerca del mar...

● Ajá, qué bien...

○ Sí, porque me gusta mucho pasear por la playa. En definitiva, es un barrio muy bonito.

● ¿Qué es lo que más te gusta de tu barrio?

○ Lo que más me gusta de mi barrio es que tiene un parque precioso. Es muy grande y allí saco a pasear a mi perro.

● Ah, qué bien. ¿Y qué es lo que menos te gusta?

○ Que hay demasiado ruido.

● ¿Por qué?

○ Porque hay muchos bares y discotecas.

● Pero eso está bien, ¿no?

○ Sí, pero a veces me molesta el ruido.

Toni Cruz

● ¿Y tú dónde vives? Cuéntame un poco sobre tu barrio.

○ Yo soy una persona muy urbana y por eso vivo en el centro de la ciudad.

● Ajá.

○ En mi barrio hay de todo: buenos restaurantes, galerías de arte, cines e instalaciones deportivas. Es que me gusta tenerlo todo muy a mano porque me gusta disfrutar de mi tiempo de ocio. Puedo ir en metro al trabajo porque mi barrio es muy céntrico.

● Qué bien. ¿Y qué es lo mejor de tu barrio?

○ Lo mejor es que tengo el gimnasio cerca de casa. Eso siempre es importante.

● ¿Y hay algo negativo de tu barrio?

○ Que no hay muchas zonas verdes.

● Vaya, pues qué mal...

Diálogo 1

● Perdone, ¿el cine está en esta calle?

○ Sí, está al final de la calle. Sigues todo recto hasta la plaza y está en la misma plaza, a la izquierda.

Diálogo 2

● Perdona, ¿sabes si Correos está por aquí cerca?

○ ¿Correos? Sí, mira. Sigues todo recto y lo encontrarás al final de esta calle, al lado de la universidad.

Diálogo 3

● Perdone, ¿sabe si hay alguna farmacia por aquí cerca?

○ Sí, a ver... Está en la segunda a la derecha. Está justo en la esquina.

Diálogo 4

● Perdona, ¿sabes si hay alguna estación de metro cerca?

○ Cerca no hay ninguna. Hay una, pero está un poco lejos, a unos quince minutos de aquí andando.

8과   Capítulo 8

Julián	: ¿Dónde vives?
Rebeca	: Vivo en un piso pequeño en el centro de la ciudad. Es muy céntrico. Y tiene 50 metros cuadrados.
Julián	: ¿Cómo es?
Rebeca	: Es nuevo, moderno y muy bonito. Es exterior. Tiene mucha luz.
Julián	: ¿Tiene ascensor?

Rebeca　：Sí, tiene ascensor.

Julián　：¿Cuántas habitaciones tiene?

Rebeca　：Dos habitaciones, un salón, una cocina y un cuarto de baño.

Julián　：¿Tiene terraza?

Rebeca　：Sí, una terraza muy agradable, de 15 metros cuadrados. Está muy bien, porque tiene mucho sol y unas vistas muy bonitas.

Julián　：¿Tiene calefacción?

Rebeca　：Sí, calefacción central y agua caliente. Además, tiene garaje y aire acondicionado.

Julián　：¿Y es tranquilo?

Rebeca　：No mucho, porque da a una calle peatonal.

Julián　：¿Está lejos del trabajo?

Rebeca　：No, está muy cerca, a unos diez minutos andando.

Julián　：¿Es muy caro el alquiler?

Rebeca　：No, es muy barato: 550 euros al mes.

1. Ana

● ¿Cuál es tu lugar favorito?

○ Mi lugar favorito es el salón.

● ¿El salón? ¿Por qué?

○ Porque en el salón puedo hacer muchas cosas: veo la tele en el sofá, leo, toco el piano y paso mucho tiempo con mi familia.

● ¿Cuál es tu mueble favorito?

○ En el estudio tengo un escritorio muy antiguo. Es mi mueble favorito y allí siempre trabajo.

2. Pepe

● Pepe, ¿cuál es tu lugar favorito?

○ Mi lugar favorito es mi dormitorio.

● ¿Ah, sí? ¿Por qué? ¿Qué haces en tu dormitorio?

○ Hago muchas cosas: leo, veo la tele, navego por Internet y, por supuesto, duermo en mi cama.

● Ya veo. ¿Tienes algún mueble favorito?

○ Bueno, tengo una cama muy bonita que me regaló mi madre. Es súper cómoda y me relaja mucho.

3. Fiona

- ¿Cuál es tu lugar favorito, Fiona?
- ¿Que cuál es mi lugar favorito? Hombre, pues mi terraza. Yo paso mucho tiempo allí.
- ¿Es grande?
- Sí, es bastante grande y muy agradable. Cuando hace buen tiempo me gusta mucho estar allí. También cuido mis plantas y flores, y hago fiestas con mis amigos.
- ¡Qué bien! ¿Y tienes algún mueble especial en la terraza?
- Especial... Sí, una butaca. Es muy cómoda. Me encanta dormir la siesta allí, escuchar música y tomar el sol.
- Es tu mueble favorito, ¿no?
- Sí, totalmente. Me relajo mucho allí.

4. Jorge

- ¿Y tu lugar favorito cuál es?
- Es la cocina.
- ¿La cocina? ¿Por qué la cocina?
- Porque a mí me encanta cocinar. Es el lugar donde ceno con mi familia todos los días. Y además la cocina tiene unas vistas magníficas.
- ¿Y cuál es tu mueble favorito?
- Mi mueble favorito es el sofá del salón. Es un sofá muy clásico y es de piel. Allí duermo la siesta. Es mi mueble de relax.

La madre : ¡José! ¡Despierta, que son ya las siete!

José : Ay... Mamá... Es que hoy no puedo ir al instituto, estoy muy enfermo.

La madre : ¿Qué te pasa, hijo?

José : Me duele mucho la cabeza y tengo mucha fiebre.

La madre : ¿Tienes gripe?

José : Creo que no. Ahora me duelen las piernas y los brazos.

La madre : ¿Y también te duele el estómago?

José : Sí, me duele mucho.

La madre : ¡Vaya! Supongo que también te duelen las muelas.

José : Sí, me duelen muchísimo.

La madre : ¡Ah! Hoy tienes una fiesta en casa de Pedro. Pero si estás enfermo no puedes ir. Tú quédate en la cama, que yo llamo al médico.

José : ¿Al médico? Espera, ¿a qué hora es la fiesta?

La madre : A las cinco. Pero si te duelen las piernas no puedes ir a la fiesta.

José : ¿Las piernas? A mí no me duelen las piernas...

La madre : Entonces también puedes ir al instituto, ¿no?

Diálogo 1

● ¡Hola!

○ ¡Hola! Uy, qué tos tienes, ¿no?

● Sí, la verdad. No he podido dormir casi nada esta noche.

Diálogo 2

● ¿Qué te pasa? ¡Qué pálida estás! ¿Te encuentras bien?

○ No, estoy muy mareada. Creo que me voy a desmayar. Necesito sentarme un rato.

Diálogo 3

● ¡Ay, ay, ay!

○ ¿Pero qué pasa, mujer?

● Me duelen muchísimo los pies. Ya no puedo dar ni un paso.

○ Claro, con esos tacones tan altos... Te hacen daño.

● Sí, he estado todo el día de pie dando clase y ahora me duelen un montón.

Diálogo 4

● Uy, José, tienes mala cara. ¿Qué te pasa?

○ Es que estoy muy mal. Me duele mucho la cabeza.

● ¿Te has tomado alguna aspirina?

○ Sí, hace un rato, pero todavía tengo dolor...

Diálgo 5

● Hola, Carlos.

○ Hola.

● Oye, ¡qué mala cara tienes! ¿Te pasa algo?

○ Me duele mucho el estómago...

● ¿Qué has comido?

○ No sé. El pescado que comí ayer me sentó mal...

10과

Capítulo 10

Diálogo 1

○ ¡Buenos días! ¿Qué quería?

● Una falda.

○ ¿Cómo la quiere?

● La quiero negra.

○ ¿Qué talla tiene?

● Creo que la 36, la pequeña.

○ Tenemos estos modelos. ¿Le gusta alguno?

● Sí, me gusta esa. ¿Cuánto cuesta?

○ 35 euros.

● ¿Puedo probármela?

○ Sí, por supuesto. Los probadores están al fondo del pasillo a la izquierda. (...)
  ¿Qué tal le queda?

● Pues no sé... Es demasiado estrecha y un poco corta. Y la tela no me gusta... Voy a
  pensarlo.

Diálogo 2

○ ¡Hola, buenas tardes!

● ¡Hola, buenas! ¿Me da un bonobús, por favor?

○ Sí, aquí tiene. ¿Algo más?

● Sí. ¿Qué precio tienen esos mecheros de ahí?

○ Esos cuestan 3 euros y estos de aquí son más baratos: 1,50 euros.

● Entonces, quiero uno de 1,50 euros.

○ Perfecto. ¿De qué color lo quiere?

● Pues... amarillo.

○ Aquí tiene. ¿Desea algo más?

● No, nada más, gracias.

○ En total son 6,50 euros.

Diálogo 3

● Hola, buenos días.

○ Buenos días.

● ¿A cuánto están las manzanas?

○ A 2,50 euros.

● Pues me pone un kilo, por favor.

○ Vale, aquí tiene. ¿Algo más?

● ¿A cuánto están las naranjas?

○ A 2 euros el kilo.

● ¿Me pone medio kilo de naranjas?

○ Aquí tiene. ¿Algo más?

● Nada más, gracias. ¿Cuánto es?

○ Son 3,50 euros.

Diálogo 4

● Oiga, señorita. ¿Me atiende, por favor?

○ Sí, señora, ahora mismo.

● Mire, necesito un gel de baño de marca Bañol.

○ Pues en este momento no me queda ninguno, lo siento. ¿Alguna cosa más?

● No, nada más, gracias.

G

1. ¿Quieres verla?

2. Tengo mucho calor. ¿Me lo compras, por favor?

3. Me duele la cabeza. Voy a tomármelas.

4. Puedes comprarlos en Correos.

5. Hace mucho frío. Me lo pongo.

6. La quiero para grabar mis vacaciones.

7. Está riquísima, voy a comerla más.

8. ¡Qué bonitas! ¿Puedes prestármelas? Quiero probármelas.

9. La puedes comprar en una perfumería.

10. ¿Quieres escucharlo?

11. Tengo sed. Quiero beberla.

12. Tengo que hacerlos antes de acostarme.

Diálogo 1

Sara : ¿Me pasas los zapatos?

Rosa : ¿Cuáles? ¿Estos azules?

Sara : No, estos no, esos rojos.

Diálogo 2

Sara : ¿Me pasas el top?

Rosa : ¿Este gris?

Sara : Este no está mal, pero quiero algo más alegre.

Rosa : ¿Y el de colores?

Sara : Sí, ese me gusta más.

Diálogo 3

Sara : ¿Qué te parece aquella falda, la del fondo?

Rosa : Bueno, no está mal, pero para una fiesta... ¿Y esta roja?

Sara : Sí, mejor, va bien con la blusa.

Diálogo 4

Sara : Pues no me gusta mucho cómo me queda el vestido. ¿Qué me pongo?

Rosa : ¿Por qué no te pones unos pantalones? ¿Qué tal estos azules?

Sara : Prefiero esos naranjas, que son más bonitos.

● Buenas tardes. ¿Qué desea?

○ Quería ver alguna cosa para regalar a mi novio.
  ¿Tiene algún perfume de oferta?

● Sí, claro. Tenemos algunos en ese pasillo de ahí.

○ ¿Tiene un perfume que se llama "El Hombre Macho"?

● No, no queda ninguno, pero hay algunos muy parecidos.

○ Muy bien, me llevo este.

● Perfecto, ¿alguna cosa más?

○ No, nada más. Gracias. ¿Cuánto es?

● Son 28,35 euros.

11과 Capítulo 11

● ¡Uf! ¡Qué calor hace en España!

○ En agosto es normal. Aquí en Sevilla, en el sur de España, hace muchísimo calor en verano.

● Pues en Corea normalmente llueve mucho en esta época. No hace tanto calor como aquí.

○ Aquí en España depende. Durante el día hace bastante calor, pero por la noche hace un poco de frío. En el sur hace muchísimo calor día y noche, y casi nunca llueve. ¿Qué tiempo hace en Corea ahora?

● En Corea también está haciendo bastante calor y está lloviendo mucho, así que hay mucha humedad.

○ Bueno, en el norte de España, en los Pirineos, que están en la frontera con Francia, está lloviendo. Y en las playas del sur la gente está tomando el sol.

Buenos días. Son las 9 de la mañana. A continuación, el tiempo en la península y en las Islas. En el norte sigue lloviendo en la montaña, pero está haciendo un sol espléndido en la costa. En el sur hace mucho calor y las temperaturas son de 35 grados. En la costa mediterránea sigue haciendo un tiempo muy agradable. No hay nubes y el cielo está despejado. En el centro de la península sigue habiendo un tiempo inestable. La temperatura es de 30 grados por el día y 15 grados por la noche. En las Islas Canarias, las temperaturas son muy constantes y está haciendo un sol magnífico.

Alberto : Sí, ¿dígame?

Madre : Alberto, soy mamá. Estoy en el supermercado. Estoy comprando la comida para el cumpleaños. ¿Está papá en casa?

Alberto ： No, ha salido. Está comprando los refrescos.

Madre ： ¿Y tu hermana Carmen qué está haciendo?

Alberto ： Se ha levantado ahora. Está desayunando.

Madre ： ¿Y la abuela?

Alberto ： Está en la cocina. Está preparando la tarta.

Madre ： Y tú, ¿qué estás haciendo?

Alberto ： Estoy poniendo la mesa.

Madre ： ¿Y no has decorado el jardín?

Alberto ： Es que el abuelo está cortando flores.

Madre ： Vale... Vuelvo a las once. Hasta luego.

Diálogo 1

- ¿Diga?
- ¿Está Javier?
- No, ahora no está. ¿De parte de quién?
- De Sergio. Soy su compañero de la escuela.
  ¿Es usted su madre?
- Sí. ¿Quieres dejar algún recado?
- No, gracias, luego le llamo. Chao, hasta luego.
- Adiós.

Diálogo 2

- ¿Dígame?
- ¿Con el señor Padilla, por favor?
- Lo siento, pero creo que se equivoca. Aquí no vive ningún señor Padilla.
- ¿No es el 98 524 05 45?
- No, se equivoca.
- Ah, pues, perdone.

Diálogo 3

- Industrias San Francisco, buenas tardes. ¿Dígame?
- Buenas tardes. ¿Podría hablar con el señor Pacheco?
- ¿De parte de quién, por favor?
- De parte de Emilio Jiménez.
- Un momentito, por favor. Ahora se lo paso.

○ Gracias.

Diálogo 4

● ¿Sí?

○ Hola, ¿está Pedro?

● Sí, soy yo.

○ Ay, perdona. Soy Maribel. ¿Qué tal?

● ¡Hola, Maribel! ¿Qué tal?

○ Nada, te llamaba para ver qué haces este sábado...

Diálogo 5

● ¿Diga?

○ Hola, quería hablar con Ana María.

● ¿De parte de quién?

○ De Juan Manuel.

● Ahora se pone.

Pablo : Oye, ¿qué vas a hacer en Nochevieja?

Nuria : Pienso ir a mi pueblo, porque toda mi familia va a reunirse en casa de mis padres. ¿Y tú?

Pablo : Mi familia también va a pasar las fiestas en el pueblo, pero yo me quedaré aquí en Madrid porque tengo que trabajar.

Nuria : ¿Pero debes trabajar el día 31? ¡Qué mal!

Pablo : Sí, hay que abrir el bar hasta las cinco y el dueño no puede estar porque tiene que ir a Granada para pasar la noche con su familia.

Nuria : ¿Y no vas a hacer nada especial, entonces?

Pablo : Sí, iré a una fiesta que van a organizar unos compañeros. ¿Y tú qué vas a hacer en tu pueblo?

Nuria : En mi pueblo habrá un baile por la noche y bailaré toda la noche.

Pablo : Bueno, ¿y tú y yo cuándo nos vamos a ver?

Nuria : Podemos quedar después de las fiestas. ¿Qué tal el día 5 del próximo año?

Pablo : Vale, pues entonces hasta ese día.

● Vamos a ver qué te pasará en tu futuro... Mira, te irás a vivir a un país extranjero dentro de dos años.

○ ¿Y será por amor o por trabajo?

● Déjame ver... Será... por trabajo. Te ofrecerán un trabajo muy interesante en el extranjero.

○ ¿Sí? Es que soy traductora... ¿Entonces seré famosa algún día?

● Sí, niña, serás muy famosa y ganarás mucho dinero. Te harás muy rica.

○ ¿Y qué pasa con el amor?

● Vamos a ver... ¡Sí! Mira... Conocerás al hombre ideal en el extranjero. Él te querrá muchísimo.

○ ¿Me casaré con él?

● No, pero viviréis juntos. Espera, veo dos hijos... una niña y un niño. Sí, tendrás dos hijos.

○ ¿Y de salud?

● Vivirás muchos años, hasta los noventa años... y tendrás una vejez muy feliz. Pero te cuidarás mucho del estómago.

○ ¿Y no ve nada más?

● No, no veo nada más...

13과 Capítulo 13

Alicia : ¡Hola, Juan! ¿Cómo estás?

Juan   : ¡Hola, Alicia! ¿Qué tal?

Alicia : ¿Cómo te ha ido el fin de semana? ¿Dónde has estado?

Juan   : Este fin de semana he estado de excursión con unos amigos.

Alicia : ¿Y adónde habéis ido?

Juan   : Hemos ido a la sierra. Hemos hecho montañismo y senderismo. Ha sido agotador, pero muy agradable. Hemos dormido en una tienda de campaña al aire libre y nos hemos divertido mucho.

Alicia : ¿Qué tiempo os ha hecho?

Juan : El tiempo ha sido estupendo. Ha hecho sol y hemos respirado aire limpio. ¿Y a ti qué tal te ha ido el fin de semana?

Alicia : Yo he viajado a las Islas Canarias, a Tenerife. He subido al Teide y me he bañado en el mar y me he puesto muy morena.

Juan : ¡Ah! ¡Qué bien! ¿Y te ha gustado? Yo no he estado nunca allí.

Alicia : Sí, me ha encantado. Ha sido un viaje muy interesante, y me lo he pasado estupendo. Lo malo es que he tenido que viajar sola, porque nadie ha podido acompañarme.

Juan : Vaya, ¡qué pena! La próxima vez iremos juntos, ¿de acuerdo?

Alicia : Sí, de acuerdo.

Diálogo 1

● ¿Qué tal lo has pasado estas Navidades?

○ Genial. Lo he pasado de maravilla. Ha venido toda mi familia a mi casa y ha sido muy divertido. Hemos comido mucho y hemos charlado un montón. Total, estas Navidades han estado muy bien.

● ¡Qué bien!

Diálogo 2

● ¿Qué tal lo has pasado en el concierto de "Los Trios Panchos"?

○ Lo he pasado fatal. Ha sido un concierto muy aburrido.

● ¡Qué pena!

Diálogo 3

● Señora Pepa, ¿qué tal sus vacaciones?

○ Fenomenal, mi marido se ha bañado todos los días y yo he dado largos paseos por la playa. Así que lo hemos pasado bomba.

● ¡Qué maravilla!

Diálogo 4

● ¿Qué tal te ha ido hoy?

○ Hoy ha sido un desastre. He llegado tarde a clase. He suspendido Matemáticas. Luego además, he perdido el autobús.

● ¡Qué mal!

Diálogo 5

● ¿Qué tal lo has pasado este fin de semana?

○ Este fin de semana ha sido muy aburrido. Ha estado lloviendo todo el tiempo y me he pasado todo el día en casa viendo la tele.

● ¡Qué rollo!

Diálogo 1

● ¿Dónde habéis estado?

○ Hemos estado en Venecia.

● ¿Qué tal? ¿Te ha gustado?

○ Sí, es preciosa. Hemos visitado el museo Guggenheim y hemos hecho un montón de fotos.

● ¿Y la comida qué tal? Buenísima, ¿no?

○ Sí, nos han encantado las pizzas y la pasta.

● Ya, a mí también.

Diálogo 2

● ¿Dónde habéis estado estas vacaciones?

○ Pues hemos estado unos días en Nueva York.

● Ah, muy bien.

○ Sí, ha sido fantástico.

● ¿Qué habéis hecho?

○ Hemos hecho muchísimas cosas. Hemos visto un partido de baloncesto y hemos ido al teatro. Ah, y hemos ido al Museo de Arte Moderno.

● ¿Y habéis estado en otros lugares?

○ Sí, hemos recorrido gran parte de la costa este con un coche de alquiler.

● Ah, muy bien.

Diálogo 3

● ¿Y vosotros dónde habéis estado?

○ Hemos estado en Buenos Aires.

● ¡Genial! ¿Habéis hecho muchas cosas?

○ Sí, hemos hecho de todo. Hemos ido varias veces al teatro y hemos comprado antigüedades en el barrio de San Telmo.

● Lo conozco, es precioso.

○ También hemos salido por la noche, hemos ido a muchos restaurantes y, por supuesto, hemos comido una carne buenísima.

● La carne está riquísima en Argentina, ¿verdad?

○ Sí, sí, la verdad es que sí. Hemos comido muy bien.

● ¿Habéis estado en otros lugares?

○ Sí, hemos estado un par de días en las cataratas de Iguazú.

● Es un lugar fantástico, ¿no?

○ Sí, aquello es un paraíso.

a. Es que he tenido que hacer muchas cosas y no he tenido tiempo.

b. Es que me he equivocado de fecha.

c. Es que he salido de casa deprisa y me lo he dejado. Lo siento.

d. Es que no he podido llegar antes. He tenido una reunión y he salido tarde del trabajo.

L

● ¿Has visto mi cartera, mamá?

○ La has puesto en tu mochila, hijo.

● ¿Y mis libros? No sé dónde los he puesto.

○ Me parece que los has dejado en la mesa.

● Sí, sí, están aquí. Oye, ¿y has visto mi diccionario?

○ No lo he visto. ¿No se lo has dejado a Juanita?

● Ah, sí, es verdad. Se lo he prestado esta mañana. ¿Y mi cazadora de cuero? ¿Dónde la he metido?

○ Se la ha llevado tu padre a la tintorería.

● Y tampoco encuentro mis gafas, mamá.

○ Las gafas las has dejado encima de la cama. Mira, Tomás, no sabes dónde has metido tu cartera, ni tus libros, ni tu diccionario, ni tu cazadora, ni tus gafas... ¡Yo no sé dónde has metido la cabeza!

14과

1. Carmen

Ayer me desperté, desayuné, me quité el pijama, me duché, me sequé y me vestí. Luego desayuné un café con leche y una tostada. Salí de casa y fui en coche a trabajar. Llegué al trabajo a las ocho. Tuve una reunión, escribí muchos e-mails y atendí a unos clientes. Salí del trabajo a las seis. Después quedé con mi novio, fuimos al cine y vimos una película. Luego cenamos en un restaurante italiano. Llegué a casa a las diez de la noche. Me lavé, me puse el pijama y finalmente, me acosté.

2. Paulo

Sonó el despertador y me desperté. Me duché, desayuné rápidamente y me lavé los dientes. Fui a la universidad y asistí a las clases. Tomé café con algunos amigos y escribí un informe para la clase de Química. Volví a casa a las dos de la tarde y almorcé con mi mamá. Después, trabajé durante cuatro horas en una tienda de ropa. Luego volví a casa a las ocho y media y leí un poco antes de acostarme. Me acosté temprano, a las diez y media.

1.

Salvador Dalí nació el 11 de mayo de 1904 y estudió la secundaria y el bachillerato en un instituto de Figueras. A los trece años pintó su primer cuadro. En 1923 viajó a Madrid y estudió en la Academia de Bellas Artes de San Fernando. Aquel año conoció a Luis Buñuel y a Federico García Lorca. En 1927 viajó a París y se enamoró de Gala. Aquel año diseñó con Luis Buñuel los escenarios de "Un perro andaluz". Cuando terminó los estudios, pintó cuadros para exponerlos en Nueva York, Chicago, etc. En 1955 se casó con Gala y vivieron en Cadaqués. En 1982 murió Gala y Dalí enfermó. El 23 de enero de 1989 murió en Figueras.

2.

Antoni Gaudí nació en Tarragona en el año 1852. A los quince años publicó algunos dibujos en una revista escolar. En 1873 estudió arquitectura en Barcelona y terminó los estudios en 1878. Aquel año conoció Eusebi Güell, que le estimuló en su trabajo artístico.

En 1883 aceptó continuar las obras de la Sagrada Familia. En 1900 empezó el proyecto del Parque Güell. En 1926 tuvo un accidente con un tranvía y murió tres días más tarde.

Diálogo 1

● ¿Sabes? Ayer conocí a Mar.

○ ¿La novia de Juan?

● Sí.

○ ¿Y qué te pareció?

● Es guapísima, y además me pareció muy simpática y muy maja. Me cayó muy bien.

○ A mí también me cae bien.

Diálogo 2

● ¿Has estado en el Barquito?

○ ¿El Barquito?

● Sí, el restaurante nuevo de la Puerta del Sol.

○ Ah, sí, sí, estuve la semana pasada con mi novio.

● ¿Y qué tal? ¿Te gustó?

○ La verdad es que me encantó. Comimos un pescado frito buenísimo. Además, ponen flamenco en el tablao. Me pareció muy agradable.

● ¿Y no es caro?

○ No. ¡Qué va! No me pareció caro.

Diálogo 3

● Marta, ¿tú eres de Canarias, no?

○ Sí, de Tenerife.

● ¡Ah! ¡Qué bonito!

○ ¿Has estado en Tenerife, tú?

● Sí, una vez, pero hace años.

○ ¿Y te gustó?

● Sí, me encantó. El volcán del Teide, el valle de La Orotava... Me pareció una isla preciosa.

Diálogo 4

● Fui a un concierto de música clásica.

○ ¿Ah, sí? ¿Dónde?

● En el Teatro Principal. Un concierto de Scarlatti.

○ ¿Y qué tal fue?

● Bueno, fue interesante, pero me pareció un poco aburrido. Es que a mí la música clásica no me gusta mucho.

○ Ya...

Diálogo 5

● ¿Qué tal ayer?

○ Fui al cine para ver "Todo sobre mi madre".

● ¿Y qué tal? ¿Te gustó?

○ Hombre, es bastante dura, me pareció muy trágica, pero el final me emocionó mucho.

Diálogo 1

● Verónica, estoy contentísimo, mañana voy a montar a caballo. ¿Tú has montado alguna vez?

○ El domingo pasado en Almería. Me divertí mucho.

Diálogo 2

● ¿Alguna vez has conocido a alguien encantador?

○ Sí, en septiembre de 2001 conocí a mi novio Quique. Él es la persona más encantadora del mundo.

Diálogo 3

● Mira lo que me he encontrado en la calle.

○ ¡Qué bonito!

● ¿Tú alguna vez te has encontrado algo en la calle?

○ Sí, hace dos años me encontré un collar de oro en el parque del Retiro.

Diálogo 4

● He suspendido el examen de inglés... Estoy hecho polvo.

○ ¡Qué lástima!

● ¿Tú alguna vez has suspendido algún examen?

○ Sí, el año pasado suspendí el examen de conducir.

15과

1. Era un domingo de otoño y hacía mucho sol. En el parque no había mucha gente. Ella estaba leyendo un periódico y él estaba sentado en el mismo banco leyendo una novela. De repente, él le preguntó la hora, ella respondió y se pusieron a hablar.

2. Era un sábado por la noche. Ella iba en moto hacia su casa y él iba conduciendo un coche. El semáforo estaba en rojo para él. Ella venía muy deprisa. Era una moto muy grande y ella llevaba casco. Él conducía muy lento porque estaba muy cansado y medio dormido. Estuvieron a punto de chocar, pero afortunadamente no pasó nada. Luego él le propuso de ir a tomar algo, así que se fueron a un bar. Y pudieron tranquilizarse los dos.

3. Ella era inglesa y vivía en España. Era profesora de inglés y daba clases en una escuela de idiomas. Era rubia, guapa y muy delgada. Él era español y trabajaba en una empresa hispanoinglesa. Por eso, necesitaba perfeccionar su inglés. Él era bajo, moreno y un poco feo. Llevaba gafas. Un día salieron juntos de clase y decidieron ir al cine a ver una película.

Antes, cuando viajaba con mis padres, comía en restaurantes caros. Iba a hoteles estupendos, visitaba museos y monumentos. Me movía en coche o en taxi y no tenía que preocuparme por nada. Sin embargo, ahora que viajo solo, ya no voy nunca a restaurantes caros. Siempre como en sitios baratos. Duermo en hostales o albergues. O a veces hago camping y duermo en una tienda de campaña. Siempre voy a los sitios caminando o me muevo en autobús. En fin, no gasto mucho dinero, pero eso sí: hago lo que yo quiero.

Luisa   : ¡Hola, abuelo!
Abuelo : ¡Hola, Luisa! ¿Qué te pasa? Tienes mala cara.
Luisa   : Sí... Estoy cansadísima. He tenido un examen de Geografía y no he dormido en toda la noche.

Abuelo : ¿Qué tal te ha salido?

Luisa : No sé... Me han puesto uno de los temas que peor me sabía.

Abuelo : Bueno, no te preocupes. Seguro que apruebas. Ven, tómate un té calentito.

Luisa : Abuelo, cuando eras joven, ¿estudiabas?

Abuelo : No, desgraciadamente no estudiaba. Vivíamos en un pueblo muy pequeño y no había escuela. Para estudiar teníamos que ir a un pueblo cercano, pero tampoco teníamos coche, así que ayudaba a mis padres en el campo. Cuidaba a los animales y ordeñaba las vacas.

Luisa : Entonces la vida ha cambiado mucho, ¿no?

Abuelo : Sí, sí, muchísimo. Ahora los jóvenes tenéis todo lo que queréis. Antes no teníamos ni la mitad de las cosas que tenéis ahora, pero éramos felices.

Luisa : ¿Y cómo se divertían los jóvenes en el pueblo? ¿Había bares y discotecas?

Abuelo : No, no había nada, solo un bar. Salíamos a pasear, jugábamos al fútbol e íbamos al baile cuando había fiestas.

16과

Capítulo 16

B

1.

- ¡Qué difícil es este ejercicio!
- Pues sí, es dificilísimo.
- ¿Quieres que te ayude un poco?
- Bueno, vale. Uf...
- ¿Qué te pasa?
- Me duele mucho la cabeza.
- Tómate una aspirina.
- No tengo en casa.
- ¿Quieres que vaya a la farmacia a comprar una?
- Sí, de acuerdo.

2.

- ¿Sí? ¿Diga?
- Hola, Sonia.

● Hola, ¿qué tal?

○ ¿Qué estabas haciendo?

● Estaba viendo la tele, ¿y tú?

○ Pues nada...

● ¿Quieres que quedemos en el centro?

○ No, prefiero que vengas a mi casa.

● Vale, Pero no podré quedarme mucho tiempo, que mi madre quiere que vaya con ella a casa de mi tía.

○ Muy bien, hasta ahora.

3.

● ¡Qué hambre tengo!

○ Yo también, ¿Quieres que te haga un bocadillo?

● Sí, de chorizo, por favor.

○ ¡No hay pan! Ahora no puedo ir a la panadería, que mi madre no quiere que deje solo a mi hermano.

● ¿Quieres que vaya yo a comprar una barra?

○ Sí, genial, también quiero que traigas dos pasteles.

● Vale.

○ De chocolate, ¿eh? ¿Vale?

4.

● Conozco un salón de videojuegos. ¿Quieres que juguemos un rato?

○ Vale.

● Vas a ver... Es genial.

○ ¿Pero qué pasa? ¡No funciona!

● No sé qué problema tiene. ¿Y ahora qué hacemos?

○ ¿Quieres que vayamos a mi casa y que continuemos con mi ordenador?

● Vale, vamos.

G

Víctor : En clase de español hacemos muchas actividades. ¡La profe es genial! Hablamos por parejas, simulamos situaciones, hacemos juegos... Estas cosas se me dan muy bien. Me gusta mucho hablar. También hay cosas que me resultan un poco difíciles como, por ejemplo, hacer conjugaciones de verbos y escribir redacciones.

Virginia : Pues yo llevo un año estudiando español en la escuela, así que he hecho muchas cosas. En general, se me dan bien las actividades de gramática, como hacer ejercicios de conjugaciones o escribir redacciones. Pero me cuesta un poco hablar.

Víctor : A mí se me da muy bien hablar en chats con mis amigos de otros países. ¡Me encanta! Sin embargo, se me da fatal entender los CDs que nos ponen en clase.

Virginia : Bueno... A mí las audiciones me resultan más fáciles. Pero me cuesta un poco leer en voz alta.

I

Ana : ¿Qué quieres hacer cuando termines el instituto, Marta?

Marta : Yo lo tengo muy claro. Quiero ser fotógrafa. Me gusta mucho la fotografía. Cuando termine el instituto, me matricularé en un curso de fotografía. Cuando sepa un poquito, me pondré a hacer fotos como loca, para perfeccionar mi técnica, ¿sabes? Cuando sea buena, haré una exposición de fotos, me contratarán en una revista y...

Ana : ¿Y tú Pepe has pensado alguna vez lo que vas a hacer cuando termines el instituto?

Pepe : Yo quiero ser bombero. Primero necesito hacer unas pruebas físicas para saber si soy apto para realizar ese trabajo. Luego haré un curso y conseguiré el certificado de aptitud. Ya cuando apruebe el examen de ingreso, podré empezar el período de prácticas. ¿Y tú Ana?

Ana : Pues yo quiero ser veterinaria. Estoy pensando en buscar información en Internet o consultar con algún veterinario que me pueda orientar. Después necesito aprobar los exámenes y acabar la carrera. Y cuando salga de la facultad, empezaré a trabajar en una clínica veterinaria.

J

Roberto : Doña Rosa, ¿qué tal está usted hoy?

Doña Rosa : Bueno, hijo... Regular.

Roberto : Le he traído estos libros para que no se aburra. Le van a encantar.

Doña Rosa : Ay, gracias, hijo. Hoy me duele mucho la cabeza.

Roberto : ¿Llamo al doctor para que le dé una inyección?

Doña Rosa : No, gracias, hijo... ¿Te vas a quedar toda la tarde conmigo?

Roberto : Claro, doña Rosa. Para que no esté sola.

Doña Rosa : El domingo mi hijo me trajo estos bombones, te doy uno para que lo pruebes. ¡Toma hijo!

Roberto   : Muchas gracias. Mm, ¡qué rico!

Doña Rosa : Oye, ¿te puedo pedir un favor?

Roberto   : Sí, por supuesto, dígame.

Doña Rosa : Ayer escribí una carta a mi hija, ¿Te la puedo dar para que la eches al buzón?

Roberto   : ¡Cómo no!

Doña Rosa : Uy... ¡Ya son las cinco! ¿Me pones la tele para que vea la telenovela? Ya es la
                hora. Es que me encanta y no me puedo perder ni un capítulo.

Roberto   : Con mucho gusto.

Doña Rosa : Ven, hijo, siéntate aquí, que va a empezar ya.

<table>
<tr><td># 17과</td><td>Capítulo 17</td></tr>
</table>

1.

Periodista : Bienvenidos a "Soluciones". Tenemos ya nuestra primera llamada. ¡Hola!
                ¿Cómo te llamas?

Ana   : Hola. Me llamo Ana. Soy de Barcelona.

Periodista : Gracias por llamar, Ana. A ver, cuéntame.

Ana   : No me llevo muy bien con mis padres porque son muy anticuados. No me
                dejan hacer nada, no puedo salir por las noches con mis amigas... Es muy
                difícil hablar con ellos, porque no pensamos igual. ¿Qué puedo hacer?

Periodista : Todos los adolescentes piensan lo mismo. Yo que tú intentaría ponerme en su
                lugar. Trataría de demostrarles que soy responsable y que pueden confiar en
                mí. Ya verás cómo poco a poco se soluciona.

2.

Periodista : Hola, Fiona. ¿Cuál es tu problema?

Fiona   : Pues mira, en mi instituto tengo un amigo que me gusta, y creo que yo le gusto
                también. Pero no sé cómo hablar con él ni qué decirle. ¿Tú qué harías en mi
                lugar?

Periodista : Yo en tu lugar, después de clase, lo invitaría a tomar algo y aprovecharía
                para hablar con él de cualquier cosa: música, cine... Así podrás observar sus

reacciones y sabrás si le gustas de verdad.

3.

Periodista : Hola, Marta. Dime.

Marta : Pues yo llamo porque tengo problemas con mi hermana, que es menor que yo. Tiene 13 años. Compartimos habitación y no nos llevamos muy bien. Siempre nos enfadamos y discutimos por todo. Yo soy muy ordenada, pero ella es muy desordenada y nunca recoge la habitación. No sé qué hacer.

Periodista : Yo que tú intentaría no enojarme con ella. Trataría de pensar como ella para entenderla. Deberíais repartiros las tareas: por ejemplo, cada una recoge sus cosas y se hace la cama, tú pasas la aspiradora, ella limpia el polvo, etc.

B

Farmacéutica : ¡Buenos días! ¿Qué quería?

Cliente : Pues es que tengo mucha tos y me duele la garganta. ¿Podría recomendarme algo eficaz?

Farmacéutica : Sí, desde luego. Yo que usted tomaría este jarabe. Una cucharada cada seis horas.

Cliente : ¿Le importaría repetirme la dosis?

Farmacéutica : Una cucharada cada seis horas. Cada seis horas, ¿eh? Tres veces al día es suficiente.

Cliente : Muy bien, voy a llevármelo.

Farmacéutica : Aquí tiene. ¿Necesita algo más?

Cliente : Pues... una caja de aspirinas también.

Farmacéutica : ¿De pastilla normal o efervescentes?

Cliente : Preferiría de pastilla. ¿Cuánto es todo?

Farmacéutica : 6,55 euros.

C

Lupe : ¿Dónde nos alojaríamos en España?

Javier : ¿Y si buscáramos un hotel?

Lupe : Anda, ¡un hotel saldría muy caro!

Javier : Depende... Yo tengo la dirección de una pensión que no es muy cara.

Lupe : A mí, la verdad, me gustaría alquilar un piso.

Javier : ¿Y si habláramos con mi amigo Pedro? Él vive en un piso muy grande y tiene una habitación libre.

Lupe   : ¿Los dos en una habitación? Hombre, lo mejor sería buscar un piso que tenga dos
          habitaciones.

Javier : ¿Y si preguntáramos en las residencias universitarias?

Lupe   : Es que en esta época del año no hay habitaciones libres.

Javier : ¿Y si llamáramos a una agencia?

Lupe   : A mí, la verdad, me gustaría que nos instaláramos en una pensión los primeros
          días y, cuando estemos allí, buscáramos un piso para los dos.

Javier : Sí, así sería más fácil. Podríamos buscar en el periódico o ir a una agencia.

Lupe   : Me parece buena idea. Tú Javier tienes la dirección de una pensión, ¿no?

Javier : Sí, aquí está. A ver... Pensión "Santa María".

Lupe   : ¿Por qué no llamamos para preguntar si tienen habitaciones libres en agosto?

Javier : Vale.

D

Matilde : ¡Este año nos vamos de viaje de fin de curso! ¿Adónde te gustaría ir?

Rubén   : Me gustaría conocer Roma, París, Londres... Seguro que sería divertido. ¿Y a ti?

Matilde : Bueno... A mí me gustaría que visitáramos algún lugar más exótico. ¡México!
          Podríamos ir a Acapulco. Me encantaría que practicáramos actividades acuáticas.

Rubén   : A mí me gustaría más que visitáramos ciudades modernas y museos.
          Además, me encantaría que nos llevaran a pueblos pequeños.

Matilde : Bueno, a mí me gustaría tener algo así como "una aventura maya". Me encantaría
          que nos llevaran a las pirámides, visitáramos Chiapas...

Rubén   : ¡Lo más importante! Me gustaría que mi viaje de fin de curso tuviera mucha
          diversión. Por ejemplo, por la noche... ¡Bailar!

Matilde : En eso estoy de acuerdo. Me encanta salir de fiesta.

부록

1과

A

대화 A

- 안녕, 테레사, 어떻게 지내?
○ 잘 지내, 이 사람이 알바로야.
■ 안녕, 잘 지내?
- 잘 있어, 넌?
■ 잘 지내. 오케이. 나중에 보자.

대화 B

- 좋은 아침입니다. 또레쓰씨, 잘 지내시죠?
○ 아주 잘 지냅니다. 감사합니다. 저기, 나바로씨를 소개해 드릴께요.
- 반갑습니다.
■ 반가워요.

B

대화 1

- 오케이, 나 갈게.
○ 그래, 연락하자, 알았지?
- 물론이지, 내가 연락할게.
○ 안녕, 나중에 보자!
- 또 보자! 안녕.

대화 2

- 안녕, 사라! 어떻게 지내?
○ 아주 잘 지내, 완전 좋아. 넌? 모든 게 잘 돼가?
- 나도 잘 돼가. 정말 오랜만이다!
○ 음, 적어도 2년은 됐겠다... 그렇지?
- 아니면 더 되었을 거야. 만나서 반가웠어.

대화 3

- 좋아, 좋아, 불평할 수 없어. 넌 잘 지내니?
○ 음, 그럭저럭...
- 가족은?
○ 아주 잘 있어, 고마워

대화 4

- 이제 가야 해. 할 일이 엄청 많아. 만나서 반가웠어.
○ 그래, 나도. 어서 가. 가족한테도 안부 전해 줘.
- 마찬가지야. 네 어머니께도 안부 전해 줘.
○ 내 안부도 전해 줘. 안녕!
- 안녕, 나중에 봐.

D

하비에르 : 아나, 은행을 스페인어로 어떻게 말해?
아나　　 : 방꼬라고 해.
하비에르 : 반복해 줄 수 있어?
아나　　 : 방꼬.
하비에르 : 스펠링이 어떻게 돼, b로 시작해 아니면 v로 시작해?
아나　　 : b로 시작해.
하비에르 : "방꼬". 이렇게 맞아?
아나　　 : 응, 맞아.

H

1. 저기요, 메뉴판 좀 갖다 주시겠어요?
2. 안녕. 너희들은 잘 지내니?
3. 저기, 이번 토요일에 전화할게, 알았지?
4. 야 어서. 뭐 좀 먹어.
5. 안녕하세요. 무엇을 원하세요?
6. 안녕히 가세요. 당신을 뵙게 되어서 반갑고 가족들에게 안부 전해줘요.
7. 여러분, 우리 무역부 대표인 아우로라 에르난데쓰씨를 소개합니다.
8. 너희들은 뭐를 먹기를 원하니?

A

1.

- 안녕하세요, 좋은 아침입니다.
- 안녕하세요.
- 이름이 뭐예요?
- 대니스요.
- 성은요?
- 비그니 입니다.
- 스펠링이 어떻게 돼요?
- 우베-이-헤-에네-이그리에가 입니다.
- 어디 출신이세요?
- 프랑스에서 왔어요.
- 무슨 일 하시나요?
- 제 직업요? 웨이터예요.
- 감사합니다. 곧 레벨 테스트 하기 위해 부를 겁니다.

2.

- 안녕하세요, 성함이 어떻게 되세요?
- 앨리스 존슨입니다.
- 어디서 오셨어요?
- 미국 라스 베가스요.
- 아, 라스 베가스요, 좋아요. 나이는요?
- 스물하나입니다.
- 스물하나... 직업은요?
- 학생입니다.
- 좋습니다. 감사하구요. 저기, 여기 앉아서 좀 기다리세요...

3.

- 안녕하세요.
- 안녕하세요.
- 성함이 어떻게 되세요?
- 라이문도 바바레스코입니다.

- 좋아요, 라이문도, 국적은 어디예요?
- 브라질입니다.
- 나이는요?
- 스른 둘입니다.
- 직업은요?
- 기자입니다.
- 아주 좋아요, 감사합니다.

4.

- 안녕하세요, 잘 지내시죠?
- 안녕하세요.
- 이름이 뭐예요?
- 쥬리입니다.
- 이그리에가로 시작해요 아니면 호따예요?
- 이그리에가입니다.
- 성은요?
- 박씨입니다.
- 어디서 오셨어요?
- 한국에서 왔어요.
- 어느 도시요? 서울에서요?
- 아니오, 부산에서 왔어요.
- 아, 부산요, 좋습니다. 나이는 어떻게 되세요?
- 스물 넷입니다.
- 무슨 일에 종사하세요?
- 뭐라구요?
- 직업이 뭐냐구요?
- 아, 간호사예요.

F

1. 난 펠리페고, 직업상 스페인어를 공부합니다. 무역 회사에서 일하고 있고 스페인 고객들이 많아서 그들과 소통하고 싶어요.
2. 루이사라고 합니다. 남미에 친구들이 많은데 그들은 스페인어만 할 줄 알아요. 그래서 인터넷으로 그들과 말하기 위해서 스페인어를 공부합니다.
3. 라파입니다. 스페인어로 된 소설을 읽고 싶어서 공부해요. 라틴 문학을 아주 좋아하죠.

4. 에밀리아 히메네쓰라고 합니다. 남미 여행을 위해서 스페인어를 공부해요. 아르헨티나, 콜롬비아, 코스타리카, 칠레 등지를 가 보고 싶어요.
5. 루이스 까마쵸라고 합니다. 전 멕시코 여자 친구를 사랑하고 있어서 스페인어를 공부하고 있어요. 그녀와 스페인어로 말하고 싶어요.
6. 메르세데스 리베로 입니다. 스페인 문화와 사람들이 너무 좋아요. 전 스페인에서 살고 싶어요!

H

빠울로 : 네 가족은 어떻게 구성돼?
로사　 : 우리는 총 다섯 명이야, 아빠, 엄마, 언니, 남동생 그리고 나.
빠울로 : 부모님 연세는 어떻게 되니?
로사　 : 아빠는 60세이시고 엄마는 55세야.
빠울로 : 부모님 직업은 뭐야? 일하셔 아니면 퇴직하셨어?
로사　 : 아빠는 이제 일 안 하셔, 퇴직하셨어. 그리고 엄마는 주부야.
빠울로 : 넌 엄마와 아빠 중 누구를 닮았어?
로사　 : 외모는, 엄마를 많이 닮았어. 난 그녀처럼 키가 커. 성격은 아빠를 더 닮았어.
빠울로 : 네 형제들은 이름이 뭐야?
로사　 : 언니는 루시아이고, 남동생은 알베르토라고 해.
빠울로 : 직업은 뭐야?
로사　 : 언니는 병원에서 일해, 간호사야. 그리고 남동생은 고등학생이야.
빠울로 : 몇 살이야?
로사　 : 언니는 스물 아홉이고, 내 동생은 열 아홉 살이야.
빠울로 : 언니는 결혼했어 아님 미혼이야?
로사　 : 언니는 이혼했어.
빠울로 : 언니는 어떤 사람이야?
로사　 : 아주 예쁘고, 사교적이고 예술적이야. 아주 재미있는 사람이야. 항상 기분이 좋아.
빠울로 : 언니, 동생과 잘 지내? 사이가 좋아 아니면 나빠?
로사　 : 언니와는 아주 잘 지내. 그녀는 태양과 같아.

내가 아는 사람 중에서 가장 인자한 사람이야. 그런데 동생 알베르토와는 사이가 나빠. 자주 말다툼하지. 항상 내 동생은 나한테 화가 나 있어. 왜인지 모르겠어... 이상해.
빠울로 : 유감이야! 개나 고양이도 있어?
로사　 : 엘비스라는 개가 한 마리 있어. 노래하는 걸 좋아해.
빠울로 : 지금 누구와 사니?
로사　 : 부모님과 내 남동생과 살아. 언니 루시아는 따로 살지.
빠울로 : 어디 사는데?
로사　 : 우리 집 근처에 살아.
빠울로 : 자주 만나니?
로사　 : 응, 거의 매일 봐. 언니와 나가 노는 거 아주 좋아해.

B

까르멘: 루시아, 넌 우리 수업에 있는 남자들 마음에 들어?
루시아: 응... 특히 세바스티안. 너무 잘 생겼어. 브래드 피트를 닮았어.
까르멘: 브래드 피트! ¡말도 안돼!
루시아: 맞아... 키도 크고, 마르고, 금발에... 그리고 아주 상냥하잖아. 오늘 아침에 그와 말해봤는데 아주 유쾌한 남자야.
까르멘: 꽤 수다쟁이야. 그런데 다소 오만하기도 해, 그렇게 생각하지 않아?
루시아: 아니야, 오만하지 않아... 아주 친절해.
까르멘: 음, 난 별로야, 내 타입은 아니야. 난 빠블로가 더 좋아, 왜냐하면 재미있고 까무잡잡하잖아.
루시아: 재미있다고! 말도 안돼! 그는 꽤 소심해.
까르멘: 오케이... 다소 내성적이긴 해. 그런데 예의

도 발라.

루시아: 헐! 소심하고 지루해.

까르멘: 조심해! 저기 오고 있어...

C

1. 이사벨: 나는 그녀와 가장 친한 친구예요. 그녀를 아주 잘 알고 있죠. 마틸데는 아주 친절하고 재미있어요. 오만하지도 않고 이기적이지도 않아요. 가끔 다소 예민해 보이기는 하는데, 충분히 차분하고, 절대로 화를 내지 않아요.

2. 선생님: 내 학생인 마틸데는 아주 똑똑하고 부지런해요. 가끔 다소 소심하긴 하지요, 특히 동료들 앞에서 말해야 할 때는요. 하지만, 꽤 수다쟁이입니다. 학교에서는 친구도 많고 사교적입니다. 아... 아주 예의가 바른 아이예요.

3. 어머니: 내 딸 마틸데는 아주 착하고 다정합니다. 그런데 다소 게으르죠. 집에서는 아무것도 안 해요. 그리고 아주 지저분해요, 그녀의 방은 엉망이에요.

4. 남동생: 누나는 아주 수다쟁이예요. 가끔 친구들과 한 시간 이상 전화 통화를 하죠. 아주 지저분하고 조금 장난꾸러기예요. 그리고 이기적이어서 절대로 CD를 빌려주지 않아요.

5. 페드로: 마틸데가 어떤 사람이냐구요? 제 전 여자친구인데요. 친절해 보이지만 사실은 그렇지 않아요. 충분히 거짓말을 잘해요. 모든 사람들이 그녀가 재미있는 사람이라고 생각하는데 거짓이에요. 그녀는 전혀 재미있지 않고, 지루하고 바보예요.

G

빠울라   : 안녕! 무슨 일이야, 세바스티안? 안색이 좋지 않구나.

세바스티안 : 응, 좀 나빠. 감기도 걸렸고, 좀 어지러워. 넌 잘 지내지?

빠울라   : 응, 좋아. 불평할 수 없지...

세바스티안 : 지금 뭐 하고 있어?

빠울라   : 1년 전에 직업을 바꿨어. 지금은 여러 영화 제작사들을 위해 일하고 있어.

세바스티안 : 아, 너무 좋겠다!

빠울라   : 내 일이 너무 좋고 아주 만족해. 넌? 뭐 하고 있어?

세바스티안 : 난 내 동생 회사에서 일하고 있는데 아주 만족해. 그리고 연애는 잘 돼가? 데이트하는 사람은 있어?

빠울라   : 음, 아니. 지금은 아무하고도 데이트하고 있지 않아. 넌 연애 잘 돼가니?

세바스티안 : 조금 좋지 않아. 내 여자친구가 일본으로 일하러 떠나. 아주 슬프고 실망스러워. 난 혼자 남게 될까 봐 두렵기도 하고.

빠울라   : 유감이야! 세바스티안. 여기 있으라고 고집 피워보지 그랬어?

세바스티안 : 너도 알다시피 내 여자친구는 고집이 세서 절대 그녀의 의견을 바꾸지 않잖아. 게다가 일본에 간다고 환상에 사로잡혀 있어.

빠울라   : 기운 내! 아, 이제 가야 해. 급해. 전화할게. 다른 날 만나자.

세바스티안 : 어서 가, 그럼 다른 날 보자.

F

● 사람이 엄청 많네! 거의 아는 사람이 없어.

○ 당연하지. 거의 모든 초대객들은 내 가족들이야.

● 신랑 옆에 있는 저 남자는 누구야?

○ 콧수염 있는 남자? 그 분은 내 사촌이야, 후안이라고 해. 저기에 내 여동생 로사가 있어.

● 누구?

○ 긴 머리의 금발 여자.

● 어디?

○ 빨간색 원피스 입은 여자.

● 아, 그래! 정말 예쁘구나! 그리고 저기 뚱뚱한 아

주머니는 누구셔?

○ 모자 쓴 여자?

● 응, 케이크 옆에 있는 여자 분.

○ 내 이모 아우로라야... 아주 상냥하셔. 신랑 뒤에 있는 저 남자 보이니?

● 누구? 안경 쓴 남자?

○ 응, 펠리페야. 내 이웃이지. 아주 재미있는 사람이야. 텔레비전 방송국에서 일해.

● 아주 상냥해 보이는 구나. 짧은 머리의 저 금발 여자는 누구야?

○ 담배 피우고 있는 여자?

● 응, 키 큰 여자. 큰 안경 쓴 여자 말이야.

○ 내 직장 상사 이사벨이야.

● 아주 젊어, 안 그래?

○ 아주 우아해. 잠깐만 기다려, 아주 잘 생긴 내 직장 동료 소개시켜 줄게.

● 누구?

○ 페드로. 선글라스 낀 저 구릿빛 피부의 남자.

● 안 보이는데... 어디?

○ 보이잖아, 야. 긴 머리의 키 크고 털이 많이 난 남자.

● 아! 이제 보인다. 정말 잘 생겼다. 소개 시켜 줄래?

5과   Capítulo 5

A

1월, 2월, 3월, 4월, 5월, 6월, 7월, 8월, 9월, 10월, 11월, 12월. 이것들은 일 년 중의 열 두 달입니다. 1월, 2월, 3월, 4월, 5월, 6월, 7월, 8월, 9월, 10월, 11월, 12월. 이것들은 일 년 중의 열 두 달입니다.

E

빠코는 오전 8시에 일어나서 8시 15분에 샤워하고

아침으로 밀크 커피와 토스트 한 개를 먹는다. 9시에 옷을 입고 9시 15분에 집을 나선다. 9시 30분에 버스를 탄다. 10시에 학교에 도착해서 10시 15분에 수업을 시작한다. 1시 30분에 동료들과 식당에서 점심을 먹는다. 5시 15분에 수업을 끝내고 6시에 집으로 돌아온다. 8시 30분에 가족들과 저녁을 먹는다. 자기 전에 숙제를 하고 텔레비전을 조금 본다. 11시에 잠자리에 든다.

F

마리아 : 호세, 넌 주말마다 뭐하니?

호세 　 : 토요일에는 늦잠을 자. 음, 10시 정도에 일어나. 일어나면, 아침 먹고, 샤워 한 다음 장을 보러 가. 그리고 나서 청소를 해. 오후에는 공부 조금 하고 밤에는 친구들과 영화관에 많이 가. 넌?

마리아 : 음, 난 토요일엔 일찍 일어나, 왜냐하면 조깅하러 나가는 것을 좋아하거든. 그 후에 장 보러 가고 일주일을 위하여 요리를 하지. 오후에는 남자친구와 연극 보러 가. 밤에는 내가 춤 추는 것을 좋아해서 클럽에 가.

호세 　 : 일요일에는 뭐 해?

마리아 : 일요일에는 전시회 보러 가, 그런데 날씨가 좋으면 해변 가는 것을 좋아해. 해변에서 배구도 하고 햇볕도 쬐지. 밤에는 부모님과 저녁을 먹고 쉬어.

호세 　 : 음, 난 일요일에 운동을 많이 해: 축구 팀에서 축구도 하고 수영장에서 수영도 해. 오후에는 점심 먹고 나서, 집에서 낮잠을 자거나 텔레비전을 봐...

L

후아니또 : 엄마, 엄마, 호르디 목욕 시켜도 돼요?

엄마 　 : 그래, 아들, 그런데 개 데리고 가기 전에 물과 비누를 준비해 놔.

후아니또 : 이미 알고 있어요, 엄마.

엄마 　 : 아주 좋아, 그런데 해야 할 게...

후아니또 : 엄마, 저 열 세살이예요. 개 목욕시킬 줄
　　　　　알아요.
엄마　　 : 그래, 아들, 목욕시킨 후에 잘 말려.
후아니또 : 이제 다 준비 됐어요, 엄마.

6과 Capítulo 6

빠키: 후안, 넌 주말에 뭐 하는 걸 좋아해?
후안: 난 밤에 나가서 친구들과 함께 있는 걸 좋아
　　 해. 그리고 운동하는 것도 아주 좋아해.
빠키: 어떤 운동을 좋아해?
후안: 축구와 테니스를 좋아하지, 넌?
빠키: 난, 영화관 가는 것과 수영하기 그리고 말 타
　　 는 것을 좋아해.
후안: 어떤 영화를 좋아해?
빠키: 모험 영화와 코미디를 좋아해. 넌 영화 좋아하니?
후안: 음, 그다지 많이 좋아하지는 않아. 차라리 연극
　　 보러 가거나 박물관에 가는 것을 더 좋아해.

G

대화 1

기자　　 : 안녕하세요. 전 루나 라디오에서 일하고 있
　　　　　어요. 당신은 여가 시간에 뭐 하는 것을 좋
　　　　　아합니까?
답변자 : 전 음악 듣는 것과 독서를 아주 좋아합니다.
기자　　 : 멜로 소설을 좋아합니까?
답변자 : 멜로 소설은 아예 좋아하지 않아요. 그리고
　　　　　역사 책도 완전 싫어하죠. 범죄 스릴러를
　　　　　많이 좋아합니다.

대화 2

기자　　 : 안녕하세요. 루나 라디오에서 일합니다. 여
　　　　　가 시간에 뭐 하는 거 좋아하세요?

답변자 : 전 친구들과 밤에 나가 노는 것을 아주 좋
　　　　　아해요. 그리고 운동도 많이 좋아해요.
기자　　 : 아! 축구 좋아하세요?
답변자 : 아니오, 축구는 아주 싫어해요. 농구하는
　　　　　것을 좋아해요.
기자　　 : 다른 여자들처럼 쇼핑을 좋아하세요?
답변자 : 아니오, 쇼핑은 전혀 좋아하지 않아요. 그
　　　　　러나 도시 산책하는 것은 좋아합니다.
기자　　 : 담배 피우는 거 좋아하세요?
답변자 : 물론 아니죠! 담배는 전혀 좋아하지 않아요.
　　　　　담배 연기는 증오해요, 정말이에요.

I

라켈: 루벤, 청년들 대상으로 설문 조사를 하고 있는
　　 데, 몇 가지 질문 좀 해도 돼?
루벤: 그래, 그래, 아주 좋아.
라켈: 첫 번째 질문은 “어떤 테마에 관심이 있어?
루벤: 난 스포츠에 아주 흥미가 많아. 축구, 농구, 스
　　 키를 좋아하지. 또한 과학에도 관심 있어. 과
　　 학에 관한 것들을 읽는 걸 좋아해. 연구실에
　　 서 실험하고 새로운 발견을 하는 게 재미있어.
　　 아, 또 자연에도 관심 있어. 산에서 캠핑하고
　　 해변에 있는 걸 아주 좋아해. 자연에 둘러싸여
　　 있으면 안정을 취할 수 있어.
라켈: 아주 좋아. 두 번째 질문은 “걱정거리는 뭐
　　 야?”
루벤: 음, 난 환경 문제가 걱정돼. 동물과 자연을 아
　　 주 좋아해. 그래서 환경을 가지고 하는 있는
　　 것이 아주 날 짜증나게 만들지. 오염 문제나 멸
　　 종의 위기에 있는 동물들 그리고 숲의 벌채 등
　　 이 걱정돼… 또한 유전자 검사 문제도 걱정돼.
　　 그런 의미에서 과학의 발전이 두렵기도 하고.
라켈: 마지막 질문은 “너의 꿈이 뭐야?”
루벤: 난 여행을 하고 싶어, 세계 일주를 하면서 많
　　 은 나라들을 방문하고 재미있는 사람들도 만
　　 나고. 혹은 아마도 당분간 스페인과 같은 다
　　 른 나라에서 살고 싶기도 해. 또한 동물과 연
　　 관된, 예를 들어 수의사와 같은 흥미로운 일을

갖고 싶어.

라켈: 다 끝났어! 정말 고마워, 루벤.

웨이터　　: 뭐 드시겠어요?

다비드　　: 음, 전, 전채요리로 하몬 곁들인 콩요리
와 두 번째 요리는 에스칼로페 주세요.
에스칼로페는 뭐예요?

웨이터　　: 소고기예요, 아주 맛있죠. 감자도 들어가요.

다비드　　: 네, 그럼, 감자 곁들인 에스칼로페로 주세요.

웨이터　　: 그리고 손님은요?

베로니카　: 전... 샐러드에는 뭐가 들어가요?

웨이터　　: 혼합 샐러드예요: 상추, 토마토, 양파 그
리고 참치, 삶은 달걀...

베로니카　: 네, 전 그럼 전채요리로 혼합 샐러드와 메
인요리는 하몬 곁들인 송어요리 주세요.

웨이터　　: 좋아요, 마실 음료는요?

베로니카　: 와인 마실까?

다비드　　: 그래, 와인 조금하고 물 주세요.

웨이터　　: 레드 와인요?

다비드　　: 네.

– 30분 후 –

다비드　　: 저기요, 빵 조금 더 갖다 주세요.

웨이터　　: 지금 갖다 드릴게요, 후식으로는 뭐 드시
겠어요?

다비드　　: 음, 우유 밥 요구르트 주세요.

베로니카　: 제철 과일은 뭐가 있어요?

웨이터　　: 멜론과 수박요.

베로니카　: 그럼, 전 멜론으로 주세요. 냅킨 좀 갖다
주세요.

웨이터　　: 바로 갖다 드릴게요.

고객　　　: 안녕하세요.

매표원　　: 안녕하세요, 말씀하세요.

고객　　　: 저기, 마드리드에서 바르셀로나로 가는 열
차에 관한 정보가 필요한데요.

매표원　　: 날짜는요?

고객　　　: 8월 15일이에요.

매표원　　: 오전 10시에 출발해서 12시 30분에 도착
하는 기차가 있어요.

고객　　　: 오후에도 있어요?

매표원　　: 네, 오후 3시 30분에 출발해서 6시에 바르
셀로나에 도착하는 기차가 있네요.

고객　　　: 네, 오후 기차가 더 좋겠네요. 좌석 하나 예
약할 수 있나요?

매표원　　: 네, 그럼요. 왕복으로요?

고객　　　: 네.

매표원　　: 창가 쪽 좌석 아니면 복도 쪽 좌석요?

고객　　　: 복도 쪽으로 해 주세요.

매표원　　: 흡연석 아니면 비흡연석요?

고객　　　: 비흡연석으로요.

매표원　　: 일반좌석요 아니면 침대차로 원하세요?

고객　　　: 침대차로 해 주세요.

매표원　　: 좋아요, 여기 표 있구요. 14호 차에 38번
좌석입니다.

고객　　　: 얼마예요?

매표원　　: 10,50 유로 입니다.

고객　　　: 여기 있습니다. 감사합니다.

매표원　　: 감사합니다.

에스테르 세라

● 지금 사는 당신의 동네가 좋아요?

○ 네, 동네가 아주 맘에 들어요. 그러니깐, 아주 특
별한 동네죠, 다소 오래된 동네이긴 하지만 젊은
사람들과 관광객들도 많아요. 바다 근처에 있고...

● 아하! 좋겠네요...

○ 네, 왜냐하면 전 해변 산책하는 것을 아주 좋아하
  거든요. 결정적으로 아주 예쁜 동네예요.
● 당신의 동네에서 가장 맘에 드는 것이 뭐예요?
○ 가장 맘에 드는 것은 아름다운 공원이 있는 거예
  요. 공원이 아주 커서 개가 있는데, 그 개를 자주
  산책시키죠.
● 아, 좋겠네요. 제일 싫은 것은 뭐예요?
○ 아주 시끄러운 소음이죠.
● 왜요?
○ 왜냐하면 바와 클럽이 많거든요.
● 그건데 그건 괜찮지 않아요, 안 그래요?
○ 네, 하지만 가끔은 소음이 짜증날 때도 있어요.

토니 크루스

● 토니씨는 어디서 사세요? 당신의 동네에 대해 조
  금 이야기 해 주세요.
○ 저는 아주 도시적인 사람이라서 도시 중심가에 살
  아요.
● 아하!
○ 제 동네에는 모든 것이 다 있어요, 좋은 레스토랑,
  미술관, 영화관과 스포츠 시설도 있어요. 전 모든
  게 아주 가까이 있는 게 좋아요. 왜냐하면 여가 시
  간을 즐기는 것을 좋아하기 때문이죠. 동네가 아
  주 중심가에 있어서 지하철로 직장에 갈 수 있죠.
● 아주 좋겠네요. 동네에서 가장 마음에 드는 것은요?
○ 가장 좋은 건 집 근처에 헬스장이 있는 거에요. 그
  건 항상 중요하죠.
● 동네에 대해 부정적인 면은요?
○ 공원과 같은 녹색지대가 없는 거죠.
● 아, 그건 좋지 않네요

대화 1

● 실례합니다만, 이 거리에 영화관이 있나요?
○ 네, 이 거리 끝에 있어요. 광장까지 똑바로 직진하
  시면, 그 광장 왼편에 있어요.

대화 2

● 실례합니다만, 우체국이 이 근처에 있는지 혹시
  아세요?
○ 우체국요? 네, 계속 직진하시면 이 거리 끝에, 대
  학교 옆에 있어요.

대화 3

● 실례합니다만, 이 근처에 약국이 있는지 아세요?
○ 네, 자... 두 번째 블록에서 오른쪽에 있어요. 바로
  모퉁이에 있어요

대화 4

● 실례합니다만, 근처에 지하철 역이 있는지 아세요?
○ 근처에는 하나도 없어요. 한 개가 있기는 한데, 조
  금 멀리 있어요. 걸어서 약 15분 거리에 있어요.

훌리안: 넌 어디에 살아?
레베카: 난 도시 시내에 작은 아파트에 살아. 아주
　　　　 중심가야. 50 평방 미터야.
훌리안: 아파트는 어때?
레베카: 새 아파트고, 모던하고 아주 예뻐. 외부로
　　　　 향해 있어서 채광도 잘 돼.
훌리안: 엘리베이터도 있어?
레베카: 응, 엘리베이터 있어.
훌리안: 방은 몇 개야?
레베카: 방은 두 개야, 거실 하나, 주방, 그리고 화장
　　　　 실 한 개.
훌리안: 테라스도 있어?
레베카: 그래, 아주 쾌적한 테라스도 있어. 크기는
　　　　 15 평방 미터야. 아주 괜찮아, 왜냐하면 태
　　　　 양도 잘 들고 아주 전망이 좋아.

훌리안: 히터 있어?

레베카: 응, 중앙 난방이고 뜨거운 물이 나와. 게다가 주차장과 에어컨도 있어.

훌리안: 그리고 조용해?

레베카: 많이 조용하지는 않아, 왜냐하면 인도로 향해 있거든.

훌리안: 직장에서 멀어?

레베카: 아니, 아주 가까워, 걸어서 약 10분 거리야.

훌리안: 집세는 아주 비싸?

레베카: 아니, 아주 저렴해: 한 달에 550 유로야.

G

1. 아나

● 네가 제일 좋아하는 장소는 어디야?

○ 내가 제일 좋아하는 장소는 거실이야.

● 거실? 왜?

○ 왜냐하면 거실에서 많은 것들을 할 수 있거든, 소파에서 텔레비전도 보고, 책도 읽고, 피아노도 치고 가족과 함께 많은 시간을 보낼 수 있어.

● 제일 좋아하는 가구는 뭐야?

○ 서재에 아주 오래된 책상이 하나 있어. 내가 제일 좋아하는 가구고 거기서 항상 일을 해.

2. 뻬뻬

● 뻬뻬, 집에서 제일 좋아하는 장소는 어디야?

○ 음, 내가 제일 좋아하는 장소는 침실이야.

● 아, 그래? 왜? 침실에서 뭐 해?

○ 많은 일들을 하지, 책도 읽고, 텔레비전도 보고, 인터넷 하고, 물론 내 침대에서 잠도 자고.

● 알았어, 네가 좋아하는 가구가 있어?

○ 엄마가 선물해 준 아주 예쁜 침대가 있어, 정말 편안하고 아주 잘 쉴 수 있어.

3. 피오나

● 피오나, 네가 가장 좋아하는 장소는 어디야?

○ 내가 가장 좋아하는 장소가 어디냐고? 내 테라스지. 나는 많은 시간을 테라스에서 보내.

● 테라스가 커?

○ 응, 충분히 크고 아주 쾌적해. 날씨가 좋을 때 난 테라스에 있는 걸 좋아해. 식물과 꽃들을 가꾸고 친구들과 파티도 해.

● 좋겠다! 테라스에 특별한 가구가 있니?

○ 특별한… 그래, 안락의자. 아주 편안해. 거기서 낮잠 자는 걸 좋아해, 음악도 듣고 햇볕도 쬐고…

● 안락의자가 네가 제일 좋아하는 가구이구나, 그렇지?

○ 그래, 정확해. 난 거기서 많이 휴식을 취해.

4. 호르헤

● 네가 제일 좋아하는 장소는 어디야?

○ 주방이야.

● 주방? 왜 주방이야?

○ 왜냐하면 난 요리하는 것을 아주 좋아하거든. 주방은 매일 가족과 함께 저녁을 먹는 곳이야. 게다가 주방의 전망은 아주 훌륭해.

● 가장 좋아하는 가구는?

○ 내가 제일 좋아하는 가구는 거실에 있는 소파야. 아주 클래식한 가죽 소파야. 거기서 낮잠을 자지. 내가 쉴 수 있는 가구야.

E

어머니: 호세! 일어나, 벌써 7시야!

호세   : 아이… 엄마… 오늘은 학교에 못 가겠어요, 많이 아파요.

어머니: 무슨 일이야, 아들?

호세   : 머리도 아프고 열도 많이 나요.

어머니: 감기에 걸렸니?

호세   : 아닌 것 같아요. 지금 다리와 팔도 아파요.

어머니: 배도 아프지?

호세　　 : 네, 많이 아파요.
어머니 : 어머나! 내 생각엔 이빨도 아플 것 같은데.
호세　　 : 네, 정말 많이 아파요.
어머니 : 아이구! 오늘 페드로 집에서 파티 있는데 아프면 못 가겠다. 침대에서 쉬어. 내가 의사한테 전화할게.
호세　　 : 의사한테요? 잠깐만 기다려요, 파티가 몇 시죠?
어머니 : 5시야. 그런데 너 다리 아프면 파티에 갈 수 없어.
호세　　 : 다리요? 다리 안 아파요...
어머니 : 그러면, 학교도 갈 수 있겠네, 그렇지?

 F

대화 1

● 안녕!
○ 안녕! 아이고, 기침을 많이 하는구나, 그렇지?
● 그래, 정말이야. 밤엔 잠을 하나도 못 잤어.

대화 2

● 무슨 일이야? 완전 창백해! 컨디션 괜찮아?
○ 아니, 아주 어지러워. 기절할 것 같아. 잠시 앉아야겠다.

대화 3

● 아, 아, 아!
○ 근데 무슨 일이야?
● 발이 너무 아파. 한 걸음도 못 걷겠어.
○ 그렇게 높은 굽으로는... 다치겠다.
● 맞아, 하루 종일 서서 수업을 해서 지금 엄청 아파.

대화 4

● 아, 호세, 안색이 안 좋구나. 무슨 일이야?
○ 완전 컨디션 안 좋아, 머리도 많이 아파.
● 아스피린은 먹었어?
○ 응, 좀 전에, 그런데 아직 통증이 있네...

대화 5

● 안녕, 카를로스.
○ 안녕.
● 저기, 안색이 무척 안 좋구나! 무슨 일 있어?
○ 배가 너무 아파.
● 뭐 먹었어?
○ 모르겠어. 어제 먹은 생선이 잘못된 것 같아.

10과   Capítulo 10

C

대화 1

● 좋은 아침입니다! 무엇을 원하세요?
○ 치마요.
● 어떤 걸로 드릴까요?
○ 검정색으로 주세요.
● 사이즈가 어떻게 되세요?
○ 36인 것 같아요, 작은 사이즈요.
● 이런 스타일들이 있어요. 마음에 드는 거 있나요?
○ 네, 이거 맘에 들어요. 얼마예요?
● 35 유로입니다.
○ 입어봐도 돼요?
● 네, 물론이죠. 피팅룸은 복도 끝 왼편에 있습니다. (...) 잘 맞아요?
○ 음, 모르겠어요... 너무 딱 끼고 조금 짧아요. 천이 맘에 들지 않아요... 좀 생각해 볼게요.

대화 2

● 안녕하세요!
○ 안녕하세요!
● 버스 정액권 좀 주시겠어요?
○ 네, 여기 있습니다... 다른 거 또 필요한 거 있어요?
● 네, 저기 있는 라이터는 얼마예요?
○ 그것들은 3 유로이고 이것들은 좀 더 싸요: 1,50

유로예요.
- 그렇다면, 1,50 유로 짜리로 할게요.
- 좋아요, 무슨 색으로 드릴까요?
- 음... 노랑색요.
- 여기 있어요. 다른 건요?
- 아니, 없어요, 고마워요.
- 총 6,50 유로입니다.

대화 3

- 안녕하세요.
- 안녕하세요.
- 사과들은 얼마예요?
- 2,50 유로입니다.
- 그러면 1킬로 주세요.
- 네, 여기 있어요. 다른 건요?
- 오렌지는 얼마예요?
- 킬로에 2 유로 입니다.
- 오렌지 반 킬로 주실래요?
- 여기 있어요. 다른 건요?
- 아니, 없어요, 고마워요. 얼마예요?
- 3,50 유로예요.

대화 4

- 저기, 아가씨, 저 좀 도와주시겠어요?
- 네, 지금 바로요.
- 저기, 바뇰 목욕 샴푸가 하나 필요한데요.
- 지금 바뇰 샴푸는 하나도 없어요. 죄송해요. 다른 거 필요한 것은요?
- 아니, 없어요, 고마워요.

1. 그것을 보고 싶니?
2. 아주 더워, 나한테 그것을 사줄래?
3. 머리가 아파. 그것들을 먹어야겠다.
4. 우체국에서 그것들을 살 수 있어.
5. 아주 추워. 그것을 입어야지.
6. 나의 휴가를 촬영하기 위해서 그것을 원해.

7. 정말로 맛있다, 그것을 더 먹어야지.
8. 정말 예쁘다! 나한테 그것들을 빌려줄 수 있어? 한 번 입어보고 싶어.
9. 향수 가게에서 그것을 살 수 있어.
10. 그것을 듣기를 원하니?
11. 목이 말라. 그것을 마시고 싶어.
12. 자기 전에 그것들을 해야 해.

대화 1

사라: 신발 좀 건네 줄래?
로사: 어떤 거? 이 파랑색 신발?
사라: 아니, 이거 말고, 그 빨강색 신발.

대화 2

사라: 그 나시 티셔츠 건네줄래?
로사: 이 회색 티셔츠?
사라: 이것도 나쁘지는 않은데 좀 더 밝은 색을 원해.
로사: 그럼 색깔들이 있는 나시 티셔츠는 어때?
사라: 그래, 그게 더 맘에 든다.

대화 3

사라: 끝에 있는 저 치마 어때?
로사: 오케이, 나쁘지는 않아, 그런데 파티에는... 그러면 이 빨강색은 어때?
사라: 그래, 더 좋아, 블라우스랑 어울리겠다.

대화 4

사라: 원피스 나한테 잘 어울리지 않아서 맘에 들지 않아. 뭐를 입지?
로사: 바지 입어보는 게 어때? 이 파랑색 바지는 어때?
사라: 이 오렌지 색이 더 좋아, 더 예뻐.

- 안녕하세요, 뭐 원하는 거 있으세요?

○ 네, 남자 친구한테 선물할 거 좀 보고 싶어요. 향
　수 세일하는 거 있어요?
● 네, 물론이죠. 저기 복도에 몇 개 있어요.
○ "옴브레 마쵸"라고 하는 향수 있어요?
● 아니오, 다 떨어졌어요, 그러나 비슷한 상품들은
　몇 개 있어요.
○ 네, 이걸로 할게요.
● 좋아요, 또 다른 것은요?
○ 아니오, 없어요. 감사합니다. 얼마에요?
● 28,35 유로입니다.

11과　Capítulo 11

● 아이고, 스페인은 참 덥구나!
○ 8월엔 당연히 더워. 스페인 남부 이곳 세비야에서
　는 여름엔 엄청 더워.
● 음, 한국에는 이 시기에 보통 비가 많이 와. 여기
　처럼 그렇게 덥지 않아.
○ 여기 스페인에서는 때에 따라 달라. 낮 동안에는
　충분히 더워, 그런데 밤에는 조금 추워. 남부지역
　에서는 밤 낮으로 엄청 덥고 거의 비가 오지 않아.
　지금 한국 날씨는 어때?
● 한국에는 다소 덥고 비가 많이 오고 있어, 그래서
　습도가 많이 높아.
○ 스페인 북부 프랑스와 국경지역에 있는 피리네오
　산맥에서는 비가 오고 있어. 그리고 남쪽 해변 쪽
　에는 사람들이 선탠을 하고 있지.

안녕하세요. 오전 9시입니다. 계속해서 스페인 반도
와 카나리아 제도의 날씨를 알려드리겠습니다. 북쪽
산악 지역에서는 비가 많이 오고 있고 해안가에서는
멋진 태양이 빛나고 있습니다. 남부지역은 아주 덥

고 기온이 35도 입니다. 지중해 해안에서는 아주 쾌
적한 날씨가 계속되고 있어 구름이 없고 하늘은 맑
게 개었습니다. 스페인 반도 중부지역에서는 불안정
한 날씨가 계속되고 있습니다. 기온은 낮에는 30도
밤에는 15도입니다. 카나리아 제도에서는 기온이
아주 안정적이며 멋진 햇살이 비추고 있습니다.

알베르토 : 네, 여보세요?
어머니　 : 알베르토, 엄마야. 나 슈퍼마켓에 있단
　　　　　 다. 생일 파티를 위해 장 보고 있어. 아빠
　　　　　 는 집에 계시니?
알베르토 : 아니오, 나가셨어요. 음료수 사고 계세요.
어머니　 : 네 동생 까르멘은 뭐 하고 있니?
알베르토 : 지금 일어났어요. 아침 먹고 있어요.
어머니　 : 그리고 할머니는?
알베르토 : 주방에 계세요. 케이크 만들고 계세요.
어머니　 : 그리고 너는 뭐 하고 있니?
알베르토 : 식탁 차리고 있어요.
어머니　 : 정원은 장식 안 했니?
알베르토 : 할아버지가 꽃을 자르고 계세요.
어머니　 : 그래... 11시에 갈게. 좀 있다 보자.

대화 1

● 여보세요?
○ 하비에르 있어요?
● 아니오, 지금 없어요. 누구신가요?
○ 세르히오예요. 학교 동료예요. 하비에르 어머니세요?
● 그래, 남길 말 있어?
○ 아니오, 괜찮아요. 나중에 얘기할게요. 안녕히 계
　세요.
● 안녕.

대화 2

● 여보세요?
○ 빠디야씨 부탁합니다.

● 죄송합니다만 전화 잘못 거셨어요. 여기는 빠디야
  씨라는 사람이 살지 않아요.

○ 98 524 05 45번 아닙니까?

● 아니오, 잘못 거셨어요.

○ 아이고, 죄송합니다.

대화 3

● 산프란시스코 인두스트리스입니다. 안녕하세요.
  여보세요?

○ 안녕하세요, 파체코씨와 통화할 수 있습니까?

● 누구십니까?

○ 에밀리오 히메네쓰입니다.

● 잠시만요. 지금 연결해 드릴게요.

○ 감사합니다.

대화 4

● 네?

○ 안녕하세요, 페드로 있어요?

● 응, 나야.

○ 아이고, 미안해. 나 마리벨이야. 잘 있었어?

● 안녕, 마리벨! 잘 있었어?

○ 특별한 일은 아니고, 이번 주 토요일에 뭐 하는지
  알려고 전화했어...

대화 5

● 여보세요?

○ 안녕하세요, 아나 마리아씨와 통화하고 싶은데요.

● 누구시죠?

○ 후안 마누엘입니다.

● 지금 바꿔 드릴게요.

12과

Capítulo 12

파블로: 저기, 12월 31일에 뭐 할거야?

누리아: 내 고향에 갈 생각이야, 왜냐하면 모든 가족
  들이 우리 부모님 댁에 모일 예정이야. 넌?

파블로: 우리 가족들도 고향 마을에서 파티를 할 예
  정인데 난 여기 마드리드에서 머물러야 해.
  왜냐하면 일해야 하거든.

누리아: 그런데 31일에 일해야 한다고? 너무 나쁘다!

파블로: 응, 5시까지 식당을 열어야 해. 식당 주인이
  그의 가족들과 31일 밤을 보내기 위해 그라
  나다로 가야 한다고 해서 여기 있을 수 없대.

누리아: 그러면, 뭐 특별한 것은 안 할 거야?

파블로: 해야지, 동료들이 계획하고 있는 파티에 참
  석할 거야. 넌 네 고향에서 뭐 할 거야?

누리아: 내 고향에서는 밤에 춤 파티가 열릴 거야.
  밤새도록 춤출 거야.

파블로: 응, 우리는 언제 볼 거야?

누리아: 파티들 끝나고 보도록 하자. 내년 1월 5일
  은 어때?

파블로; 그래, 그럼 그날 보자.

● 당신의 미래에 어떤 일이 일어나는지 봅시다... 2
  년 안에 외국에 가서 살게 될 거예요.

○ 사랑 때문이에요 아님 일 때문인가요?

● 어디 한 번 봅시다. 일 때문이네요. 외국에서 아주
  흥미로운 일을 제안 받으실 거예요.

○ 그래요? 저 통역사예요... 그럼 언젠가는 유명해
  질까요?

● 네, 그래요, 아주 유명해 지고 돈도 많이 버실 거
  예요. 아주 부자가 될 겁니다...

○ 그리고 사랑에는 무슨 일이 일어나나요?

● 봅시다... 네! 외국에서 이상형을 만나게 될 거예
  요. 그 남자가 당신을 엄청 많이 사랑할 거예요.

○ 그 사람과 결혼하게 될까요?

● 아니오, 그러나 같이 살게 될 거예요. 기다려 봐요,
  두 명의 아들이 보여요... 여자 아이 하나 그리고 남
  자 아이 하나. 두 명의 자녀를 갖게 될 거예요.

○ 건강은 어때요?

● 오래 90살 까지 장수할 거예요... 그리고 노년이 행

복할 겁니다. 그런데 위는 많이 조심하셔야 해요.
○ 다른 건 더 안 보여요?
● 아니오, 더 이상 안 보이네요.

13과 Capítulo 13

알리시아 : 안녕, 후안! 잘 지내니?
후안　　 : 안녕, 알리시아! 잘 지내?
알리시아 : 주말은 어떻게 보냈어? 어디 있었어?
후안　　 : 이번 주말에는 친구들과 소풍 갔다 왔어.
알리시아 : 어디 갔어?
후안　　 : 산에 갔어. 등산도 하고, 긴 하이킹도 했지.
　　　　　너무 피곤했지만 아주 유쾌했단다. 야외에
　　　　　서 텐트치고 잤는데 많이 재미 있었어.
알리시아 : 날씨는 어땠어?
후안　　 : 날씨는 멋졌어. 태양도 쨍쨍했고 깨끗한
　　　　　공기도 마실 수 있었어. 넌 주말 어떻게
　　　　　보냈니?
알리시아 : 난 카나리아 제도에 있는 테네리페에 여
　　　　　행 갔어. 테이데에도 올라갔고 바닷가에
　　　　　서 해수욕도 했어. 지금 까맣게 탔어.
후안　　 : 아! 좋았겠다! 카나리아 제도 좋았어?
　　　　　난 한 번도 간 적 없어.
알리시아 : 응, 완전 좋았어. 아주 흥미로운 여행이었
　　　　　고, 멋지게 보냈어. 나쁜 점은 아무도 동행
　　　　　할 사람이 없어서 나 혼자 가야만 했단다.
후안　　 : 어머나, 유감이다! 다음 번엔 우리 같이
　　　　　가자, 알았지?
알리시아 : 그래, 동의해.

G

대화 1
● 이번 크리스마스는 어떻게 보냈니?

○ 아주 좋았어. 멋지게 보냈어. 우리 집에 가족들이
　와서 아주 재미있었어. 많이 먹고 수다도 엄청 떨
　었지. 결론적으로, 이번 크리스마스는 아주 좋았
　어.
● 좋았겠다!

대화 2
● "로쓰 트리오쓰 판쵸쓰" 공연은 잘 봤어?
○ 최악이었어요. 아주 지루한 공연이었어.
● 유감이다!

대화 3
● 페파씨, 휴가는 잘 보내셨어요?
○ 멋진 휴가였어요, 남편은 매일 해수욕하고, 전 해
　변가를 오랫동안 산책했어요. 그래서 완전 잘 보
　냈습니다.
● 멋지네요!

대화 4
● 오늘 하루는 어떻게 보냈어?
○ 오늘은 최악이었어. 수업에 지각했지. 수학 시험
　에 낙제했고 게다가 버스까지 놓쳤어.
● 완전 안 좋았겠다!

대화 5
● 이번 주말은 어떻게 보냈어?
○ 이번 주말은 아주 지루했어. 주말 내내 비가 왔고
　하루 종일 집에서 텔레비전 보면서 보냈어.
● 완전 지루했겠다!

대화 1
● 어디에 있었어요?
○ 베네치아에 있었어요.
● 어땠어요? 좋았어요?
○ 네, 아주 아름다워요. 구겐하임 박물관도 방문하
　고 엄청 많은 사진들도 찍었어요.

● 음식은 어땠나요? 정말 맛있죠, 안 그래요?
○ 네, 피자와 파스타 너무 맛있었어요.
● 알아요, 저도 좋아해요.

대화 2

● 이번 휴가 때 어디 갔다 왔어요?
○ 네, 음... 우리는 뉴욕에 몇 일 갔다 왔어요.
● 아, 좋아요.
○ 네, 아주 멋졌어요.
● 뭐 하셨나요?
○ 아주 많은 걸 했죠. 농구 경기도 보고 극장도 갔어요. 아, 현대 아트 박물관도 갔어요.
● 다른 곳들도 갔어요?
○ 네, 렌터카로 동부 해안가 대부분을 돌았어요.
● 아, 아주 좋아요.

대화 3

● 당신들은 어디 계셨나요?
○ 부에노스 아이레스에 갔다 왔어요.
● 멋지군요! 많은 일들을 했나요?
○ 네, 모든 걸 다 했어요. 극장도 여러 번 갔고, 산 텔모 동네에서 지역 특산물도 샀어요.
● 저도 거기 알아요, 아주 아름답죠.
○ 또 밤에는 나가서 많은 레스토랑에도 갔어요. 물론 아주 맛있는 고기를 먹었어요.
● 아르헨티나의 고기는 정말 맛있어요, 그렇죠?
○ 네, 네, 정말이에요. 아주 잘 먹었어요.
● 다른 곳들은 안 갔나요?
○ 네, 이구아쑤 폭포에서 몇 일 머물렀어요.
● 아주 멋진 곳이죠, 안 그래요?
○ 네, 마치 천국 같아요.

a. 많은 일들을 해야 했고 시간이 없었어.
b. 약속 날짜를 잘못 알았어.
c. 집에서 서둘러 나와서 그걸 집에 두고 나왔어. 미

안해.
d. 전에 도착할 수 없었어. 회의가 있어서 퇴근을 늦게 해야만 했어.

L

● 엄마, 내 지갑 봤어요?
○ 네 가방에 넣었잖아, 아들.
● 내 책들은요? 어디다 놓았는지 모르겠어요.
○ 탁자에 놓은 것 같은데.
● 네, 네, 여기 있네요. 그리고 내 사전 봤어요?
○ 못 봤어. 후아니따한테 빌려주지 않았니?
● 아, 네, 맞아요. 오늘 아침에 빌려줬어요. 내 가죽 잠바는요? 내가 어디다 두었지?
○ 아빠가 세탁소에 가지고 갔어.
● 내 안경도 찾을 수 없어요, 엄마
○ 안경은 침대 위에 두었잖아. 토마쓰, 넌 지갑도, 책도, 사전도, 잠바도, 안경도 어디 두었는지 모르는구나... 넌 네 머리를 어디다 두고 다니는지도 모르겠어!

<table>
<tr><td>14과</td><td>Capítulo 14</td></tr>
</table>

1. 까르멘

어제는 일어나서 아침을 먹었다. 잠옷을 벗고, 샤워를 한 후 몸을 말리고 옷을 입었다. 그리고 나서 밀크 커피와 토스트로 아침 식사를 하였다. 집에서 나가서 직장까지 운전을 해서 갔다. 8시에 직장에 도착했다. 회의를 했고 이메일을 썼고 몇몇 고객들을 응대했다. 6시에 퇴근을 했다. 후에 남자친구를 만나서 영화관에 가서 영화 한 편을 보았다. 그리고 나서 이탈리아 레스토랑에서 저녁을 먹었다. 밤 10시에 집에 도착했다. 씻고, 잠옷을 입고 마침내 잠자리

에 들었다.

2. 빠울로

자명종이 울려서 잠에서 깼다. 샤워를 하고 빨리 아침을 먹은 후 이빨을 닦았다. 대학교에 가서 9시 수업에 참석했다. 몇몇 친구들과 커피를 마셨고 화학 수업을 위해 보고서를 썼다. 오후에는 집에 2시에 돌아와서 엄마와 점심을 먹었다. 그 후에, 옷 가게에서 4시간 동안 일을 했고, 8시 30분에 집에 돌아 왔다. 자기 전에 책을 조금 읽었다. 10시 30분에 일찍 잠자리에 들었다.

F

1. 살바도르 달리는 1904년 5월 11일에 태어났으며 Figueras에서 중·고등 학교를 다녔다. 13살 때 첫 번째 그림을 그렸다. 1923년에 마드리드로 여행 했으며 San Fernando 미술 학원에서 공부했다. 그 해에 루이스 부뉴엘과 페데리코 가르시아 로르까를 만났다. 1927년에 파리로 여행했고 갈라에게 사랑에 빠졌다. 그 해에 "Un perro andaluz"의 무대를 루이스 부뉴엘과 함께 디자인했다. 학업을 마쳤을 때, 뉴욕과 시카고 등지에서 전시하기 위해 그림을 그렸다. 1955년 갈라와 결혼했고 Cadaqués에서 살았다. 1982년에 갈라가 죽은 후 살바도르는 병이 들었고, 1989년 1월 23일 그는 Figueras에서 사망했다.

2. 안토니오 가우디는 1852년 타라고나에서 태어났다. 15세에 학교 잡지에 몇몇 그림을 실었다. 1873년에 바르셀로나에서 건축을 공부했고 1878년에 학업을 마쳤다. 그 해에 그의 예술 세계에 영감과 자극을 준 에우세비오 구엘을 만났다. 1883년에 사그라다 파밀리아 성 가족 대성당의 건축을 계속하기를 수락하였다. 1900년에 구엘 공원의 프로젝트를 시작했다. 1926년에 전차 사고로 3일 후에 사망하였다.

J

대화 1

● 그거 알아? 어제 마르를 만났어.

○ 후안의 여자친구?

● 응.

○ 어때 보였어?

● 정말 예뻐, 게다가 성격이 상냥하고 괜찮은 것 같아. 아주 마음에 들었어.

○ 그래, 나도 그랬어.

대화 2

● 바르끼또에 가 봤어?

○ 바르끼또?

● 응, 푸에르따 솔에 새로 생긴 레스토랑 있잖아?

○ 아, 그래, 그래, 지난 주에 남자 친구와 가 봤어.

● 어땠어? 맘에 들었니?

○ 아, 너무 맘에 들었어. 아주 맛있는 생선 튀김을 먹었어. 게다가 타블라오에서는 플라멩코 공연을 해. 너무 유쾌했어.

● 그리고 비싸지는 않아?

○ 아니, 절대로! 비싸 보이지는 않았어.

대화 3

● 마르타, 넌 카나리아 제도 출신이지, 그렇지?

○ 응, 테네리페에서 왔어.

● 아! 정말 아름답지!

○ 넌 테네리페에 가 봤어?

● 응, 한 번, 그런데 몇 년 전에 갔었어.

○ 좋았니?

● 응, 너무 좋았어. 테이데의 화산, 오로타바 계곡도 가봤어. 정말 예쁜 섬 같았어.

대화 4

● 클래식 음악 콘서트에 갔었어.

○ 아, 그래? 어디?

● 프린시팔 극장에서. 스칼라티 공연이었어.

○ 어땠어?

● 음, 흥미로웠어, 그런데 다소 지겹긴 했어. 왜냐하면 난 클래식 음악은 별로 안 좋아하거든.
○ 그렇구나...

대화 5

● 어제는 어땠어?
○ "내 어머니의 모든 것"을 보기 위해 영화관에 갔었어.
● 어땠어? 맘에 들었어?
○ 아이고, 다소 강한 영화였어, 아주 비극적이었지, 그런데 결말은 아주 감동적이었어.

대화 1

● 베로니까, 나 완전 기분 좋아, 내일 말 타러 가. 넌 말 타본 적 있어?
○ 지난 일요일에 알메리아에서 말 탔어. 아주 재미있었어.

대화 2

● 아주 매력적인 사람을 만나본 적 있어?
○ 응, 2001년 9월에 내 남자친구 끼께를 만났지. 그는 세상에서 가장 멋진 사람이야.

대화 3

● 거리에서 내가 발견한 거 한 번 봐.
○ 우와, 예쁘구나!
● 넌 길거리에서 뭐 주운 적 있어?
○ 응, 2년 전에 레티로 공원에서 금 목걸이를 주웠지.

대화 4

● 영어 시험에서 낙제했어, 완전 지쳤어.
○ 유감이야!
● 넌 시험에 낙제해 본 적 있니?
○ 응, 작년에 운전 면허 시험에서 떨어졌어.

15과

1. 어느 가을 일요일이었다. 햇볕이 쨍쨍했다. 공원에는 사람이 많지 않았다. 그녀는 신문을 읽고 있었고 그는 같은 벤치에 앉아 소설 책을 읽고 있었다. 그리고 갑자기 그가 몇 시인지 그녀에게 물었고 그녀는 대답해 주었으며, 그들은 말하기 시작했다.

2. 어느 토요일 밤이었다. 그녀는 오토바이를 타고 그녀의 집으로 가고 있었다. 그는 그의 차를 몰고 가고 있었다. 신호등이 그에게 빨강색으로 켜졌다. 그녀는 아주 서둘러 달리고 있었다. 아주 큰 오토바이였고 그녀는 헬멧을 쓰고 있었다. 그런데 그는 아주 피곤해서 반 쯤 잠든 채로 아주 느리게 운전하고 있었다. 그들은 거의 충돌할 순간에 있었다. 그러나 운이 좋게도 아무 일도 일어나지 않았다. 그리고 나서 그는 뭐 좀 마시러 가자고 그녀에게 제안했다. 그래서 그들은 바에 가서 안정을 취할 수 있었다.

3. 그녀는 영국 여자였고 스페인에 살고 있었다. 그녀는 영어 선생님이었고 언어학원에서 수업을 했다. 그녀는 금발에 날씬하고 예쁜 여자였다. 그는 스페인 사람이었고, 영국계 스페인 회사에서 일하고 있었다. 그래서, 영어를 완벽하게 구사할 필요가 있었다. 그는 키가 작고, 까무잡잡한 피부에 조금 못생겼다. 안경을 쓰고 다녔다. 어느 날 그들은 교실에서 함께 나가서 영화를 한 편 보러 영화관에 가기로 결정했다.

예전에 부모님과 여행했을 때는, 비싼 레스토랑에서 밥을 먹었다. 멋진 호텔에 갔었고 박물관과 기념물들을 방문했다. 자동차나 택시로 다녔고 아무것도 걱정할 필요가 없었다. 그러나, 혼자 여행하는 지금은 이제 더 이상 비싼 식당에 가지 않고 항상 값이 저렴한 곳에서 밥을 먹는다. 잠은 모텔이나 유스호스텔에서 잔다. 가끔은 캠핑할 때면 텐트에서 자기도 한다. 항상 걸어서 다니거나 버스를 타고 다닌다. 결국 돈을 많이 쓰지 않는다. 그러나 그건 그렇다, 내가 하고 싶은 것을 할 수 있다.

H

루이사　　： 안녕하세요, 할아버지!

할아버지： 안녕, 루이사! 무슨 일이니? 안색이 안 좋구나.

루이사　　： 네... 진짜 피곤해요. 지리 시험이 있어서 밤새 한 잠도 못 잤어요.

할아버지： 시험은 잘 봤니?

루이사　　： 모르겠어요... 제가 제일 모르는 테마 중의 하나가 나왔어요.

할아버지： 그래, 걱정하지 마라. 분명 합격했을 거라 확신해. 여기 와서 따뜻한 차 한 잔 하렴.

루이사　　： 할아버지, 할아버지는 젊은 시절에 공부하셨어요?

할아버지： 아니, 불행하게도 공부를 못 했지. 우리는 조그만 마을에 살았고 학교가 없었단다. 공부하려면 가까운 마을로 가야만 했는데 차도 없었단다. 그래서 시골에서 부모님을 도와드렸어. 동물들도 키우고 소 젖도 짜곤 했었지.

루이사　　： 할아버지, 그러면 삶이 많이 변했네요, 그렇지 않아요?

할아버지： 그래, 그렇지, 아주 많이. 지금은 젊은이들은 원하는 건 모두 가졌지. 예전엔 지금 너희들이 가진 것들의 반도 못 가졌단다. 하지만 우린 행복했었지.

루이사　　： 마을에서는 젊은이들이 어떻게 즐겼어요? 바나 클럽도 있었나요?

할아버지： 아니, 아무것도 없었어, 바 한 개만 있었어. 우리는 나가서 산책도 하고 축구도 하고 파티가 있을 때면 춤 파티에 가곤 했었단다.

16과　　Capítulo 16

B

대화 1

● 이 연습문제 정말 어렵다!

○ 음, 그래, 정말 어렵다.

● 내가 조금 도와줄까?

○ 오케이, 그래, 후...

● 왜 그래?

○ 머리가 많이 아파.

● 아스피린 먹어.

○ 집에 없어.

● 내가 약국 가서 하나 사올까?

○ 응, 그래.

대화 2

● 네? 여보세요?

○ 안녕, 소냐.

● 안녕, 잘 있었어?

○ 뭐 하고 있니?

● 텔레비전 좀 보고 있어, 넌?

○ 음... 아무것도...

● 시내서 만날까?

○ 아니, 네가 우리 집에 오면 좋겠어.

● 그래, 그런데 오래는 못 있어, 엄마가 이모 집에 같이 가길 원해.

○ 좋아, 좀 있다 봐.

대화 3

● 아이, 배고파!

○ 나도, 내가 샌드위치 만들어 줄까?

● 그래, 초리쏘 샌드위치로 부탁해.

○ 빵이 없어! 지금 빵 가게에 못 가, 엄마가 내 동생 혼자 두는 걸 싫어해.

● 내가 빵 한 개 사올까?

○ 그래, 아주 좋아, 파이 두 개도 가져왔음 좋겠다.
● 그래.
○ 초콜렛 파이로, 알았지?

대화 4

● 완전 재미있는 게임 사이트를 알고 있어, 우리 잠시 게임하며 놀까?
○ 그래.
● 이것 봐, 완전 멋진 사이트지.
○ 그런데 무슨 일이야! 작동이 안 돼!
● 무슨 문제인지 모르겠다. 이제 뭐 하지?
○ 우리 집에 가서 내 컴퓨터로 계속할까?
● 그래, 가자.

빅토르 : 스페인어 수업에서 우리는 많은 활동을 해. 선생님은 아주 멋지신 분이지! 짝을 지어 스페인어로 말하고, 상황극도 해보고 게임도 해… 이런 것들은 난 아주 잘하지. 난 말하는 것을 아주 좋아해. 다소 어려운 것들도 있어, 예를 들어 동사변화나 작문하기 등이지.

비르히니아 : 음, 난 학원에서 스페인어 공부한지 1년 되었어, 그래서 많은 것들을 했어. 일반적으로 나는 동사변화 연습이나 작문하기 등과 같은 문법을 더 잘해. 그러나 말하기는 좀 힘들어.

빅토르 : 난 다른 나라 친구들과 채팅으로 말하는 것을 아주 잘해. 그건 내가 정말 좋아하지! 그런데, 교실에서 우리에게 틀어주는 CD를 이해하는 것은 정말 못해.

비르히니아 : 음… 난 청취가 아주 쉬워. 그런데 큰 소리로 읽는 건 좀 어려워.

아나 : 마르타, 넌 고등학교 마치고 나면 뭐하고 싶니?

마르타 : 난 아주 명백하게 생각한 게 있어. 사진작가가 되고 싶어. 난 사진을 많이 좋아해. 고등학교를 마치게 되면, 사진 강좌에 등록할거야. 사진을 조금 알게 되면, 내 기술을 완벽하게 하기 위해 미친 듯이 사진을 찍기 시작할 거야. 좋은 사진작가가 되면 사진 전시회를 열거고 그러면 어떤 잡지사에서 나를 계약하겠지 그리고…

아나 : 넌 빼빼, 고등학교 마치고 나서 할 일을 생각해 본 적 있어?

빼빼 : 난 소방관이 되고 싶어. 처음에 내가 그 일을 수행하기 위해 신체적으로 적합한지 알기 위해서 신체검사를 받을 필요가 있어. 그리고 난 다음에 강좌를 듣고 적합한 자격증을 취득할 거야. 입학 시험에 합격하고 나면, 인턴 기간을 시작할 수 있어. 아나 너는?

아나 : 음, 난 수의사가 되고 싶어. 인터넷으로 정보를 찾아 보거나 나에게 조언을 해 줄 수 있는 수의사에게 상담을 받아 보려고 해. 그 후에 시험에 합격하고 학업을 마쳐야 해. 학부를 마치게 되면 병원에서 일하기 시작할거야.

로베르토: 로사 아주머니, 오늘 컨디션이 어때요?

로사 : 음, 보통이야.

로베르토: 아주머니가 지루해지지 않게 이 책들을 가져 왔어요. 아주 좋아하실거예요.

로사 : 아이고, 고마워. 오늘은 머리가 많이 아프네.

로베르토: 주사 놓아 주게 의사를 부를까요?

로사 : 아니야, 괜찮아, 고마워. 오후 내내 나와 함께 있을 거니?

로베르토: 물론이죠, 로사 아주머니. 혼자 계시지 않게요.

로사 : 일요일에 내 아들이 이 초콜릿을 가져왔어. 맛보게 하나 줄게. 먹어봐.

로베르토: 고마워요. 음, 정말 맛있네요!

로사 : 저기, 부탁 하나 해도 될까?

로베르토: 네, 물론이죠, 말씀하세요.

로사 : 어제 내 딸한테 편지를 썼는데, 우체통에

넣을 수 있도록 이 편지를 줘도 될까?

로베르토: 물론이죠!

로사　　: 아이고... 벌써 5시야! 드라마 볼 수 있게 텔레비전 좀 켜 줄래? 드라마 할 시간이야. 내가 너무 그 드라마를 좋아해서 한 편도 놓칠 수 없어.

로베르토: 기꺼이요.

로사　　: 여기 와서 앉아. 이제 시작할거야.

17과 Capítulo 17

1.

기자: "솔루시오네쓰"에 오신 것을 환영합니다. 첫 번째 전화 통화 입니다. 안녕하세요! 성함이 어떻게 되세요?

아나: 안녕하세요. 전 아나라고 해요. 바르셀로나 사람입니다.

기자: 감사합니다, 아나. 어디 봅시다, 이야기 해 주세요.

아나: 전 부모님이 아주 고리타분한 분들이셔서 사이가 아주 좋지 않아요. 제가 아무것도 못하게 하세요, 친구들과 함께 밤에 나가 놀 수도 없어요... 저와 부모님은 생각이 달라서 대화하는 것이 아주 어려워요. 어떻게 하면 되죠?

기자: 모든 청소년들도 똑같이 생각해요. 제가 아나라면, 부모님 입장에 서 볼 것 같아요. 저라면 그들에게 제가 책임감이 강하고 저를 믿을 수 있다는 것을 보여드리려고 노력할 것 같아요. 그러면 조금씩 해결되어 가는 것을 볼 수 있을 거예요.

2.

기자　　: 안녕하세요, 피오나. 당신의 문제는 무엇입니까?

피오나 : 음, 학교에서 제가 좋아하는 친구가 한 명 있는데 제가 생각하기엔 그 친구도 저를 좋아하는 거 같아요. 그런데 그 친구와 어떻게 얘기를 해야 할지를 모르겠어요. 제 입장이라면 어떻게 하시겠어요?

기자　　: 저라면, 방과후에 먹을 것을 사주면서 그 기회를 이용해서 음악이나 영화 등 아무것에 관해서 이야기를 하는 거죠. 그렇게 함으로써 그의 반응을 살펴보면 그가 당신을 좋아하는지 아닌지를 알 수 있게 되겠죠.

3.

기자　　: 안녕하세요, 마르타. 말씀하세요.

마르타 : 저는 여동생과 문제가 있어서 전화했어요. 그녀는 저보다 어려요. 13살이죠. 방을 같이 쓰는데 별로 사이가 좋지 않아요. 항상 서로 화를 내고 모든 것에 관해 말다툼을 해요. 저는 정리정돈을 잘하는 사람인데, 제 여동생은 반대로 아주 지저분해요, 절대로 자기 방을 치우지 않아요. 어떻게 해야 할지 모르겠어요.

기자　　: 저라면 여동생에게 화내지 않으려고 노력할 것 같아요, 그녀를 이해하기 위해 그녀처럼 생각하려고 노력할 것 같아요. 집안 일을 분담해 보는 것도 좋을 것 같아요: 예를 들어 각자 자기 물건을 치우고 자기 침대 정리하는 거죠, 마르타가 청소기를 돌리면 여동생은 먼지를 터는 등의 방법이 있죠.

B

약사: 안녕하세요! 뭐가 필요하세요?

고객: 음, 기침이 많이 나고 목이 아파요. 효과가 있는 뭔가를 좀 추천해 주시겠어요?

약사: 네, 물론이죠. 제가 손님이라면 이 시럽을 먹겠어요. 6시간 마다 한 숟가락씩 드시면 되요.

고객: 복용량을 다시 한 번 반복해 주시겠어요?

약사: 6시간 마다 한 숟가락입니다, 매 6시간요, 알
　　　았죠? 하루에 세 번이면 충분합니다.
고객: 네, 알겠습니다, 그걸로 할게요.
약사: 여기 있습니다. 뭐 다른 거 필요한 거 있어요?
고객: 음... 아스피린 한 통도 주세요.
약사: 일반 알약으로요 아니면 발포성 알약으로 드
　　　릴까요?
고객: 알약이 더 좋을 것 같아요. 모두 얼마예요?
약사: 6,55 유로 입니다.

C

루페　　　: 스페인에서 어디서 숙박을 하면 좋을까?
하비에르: 호텔을 찾아보면 어떨까?
루페　　　: 아이고, 호텔은 너무 비쌀 거야!
하비에르: 호텔에 따라서 다르지... 많이 비싸지 않
　　　　　은 모텔의 주소를 갖고 있어.
루페　　　: 사실, 난 아파트를 렌트하면 좋을 것 같아.
하비에르: 내 친구 페드로와 이야기해 보면 어떨까?
　　　　　페드로는 아주 큰 아파트에 살고 있는데
　　　　　빈 방이 한 개 있어...
루페　　　: 한 방에 두 명이? 아이고, 가장 좋은 건 방
　　　　　이 두 개 있는 아파트를 구해보는 걸 거야.
하비에르: 대학 기숙사에 물어보면 어떨까?
루페　　　: 이 시기에는 빈 방이 없다니까.
하비에르: 부동산에 전화하면 어떨까?
루페　　　: 난, 사실, 첫 며칠은 모텔에 머물렀으면
　　　　　좋겠어. 그리고 우리가 거기에 있으면서,
　　　　　방 두 개짜리 아파트를 구해보도록 하자.
하비에르: 그래, 그렇게 하면 더 쉬울 것 같아. 신문
　　　　　에서 찾아보거나 부동산에 가도 되겠다.
루페　　　: 좋은 생각이야. 하비에르 너 모텔 주소 갖
　　　　　고 있지, 그렇지?
하비에르: 응, 여기 있어. 어디 보자... "산타 마리
　　　　　아" 모텔.
루페　　　: 8월에 빈 방이 있는지 전화해서 물어볼까?
하비에르: 그래.

마틸데: 올 해에 우리 수학여행 간다! 넌 어디 가고
　　　　싶어?
루벤　 : 난 로마, 파리, 런던에 가고 싶어... 분명 재
　　　　미있을 거야. 넌?
마틸데: 음... 난 우리가 좀 이국적인 장소를 방문했
　　　　으면 좋겠어. 멕시코! 아카풀코에도 갈 수
　　　　있을 텐데. 난 우리가 수상 스포츠들을 했
　　　　으면 좋겠어.
루벤　 : 난 우리가 좀 더 현대적인 도시들이나 박물
　　　　관을 방문했으면 좋겠어. 또한 우리를 작은
　　　　마을에도 데려갔으면 좋겠어.
마텔데: 난 "마야의 모험"과 같은 것을 했으면 좋겠
　　　　어. 난 우리를 피라미드에 데려갔으면 좋겠
　　　　어, 혹은 치아파쓰를 방문하고도 싶어.
루벤　 : 가장 중요한 건! 우리 수학 여행이 많이 재
　　　　미있었으면 좋겠어. 예를 들어, 밤에는 춤
　　　　추기!
마틸데: 그건 나도 동의해. 난 나가서 파티하는 것
　　　　을 정말 좋아해.

부록

B Saludos: Diálogo 2, Diálogo 3,
Despedidas: Diálogo 1, Diálogo 4

C 1. Genial. ¿Y a ti qué tal? 2. Vale. Adiós. Hasta pronto. 3. Hola. ¿Qué tal? 4. Hola. Me alegro de verte. 5. A la tuya también. 6. Venga. Adiós. 7. Sí, yo también.

F 1. Con jota 2. Con hache 3. Con ce 4. Con uve 5. Con eñe 6. Con doble erre 7. Con be 8. Con doble erre 9. Con ge 10. Con i griega

G 1. Tú 2. Usted 3. Usted 4. Usted/Tú 5. Tú 6. Tú 7. Usted 8. Tú 9. Tú 10. Usted 11. Usted 12. Usted

H 1. Usted 2. Vosotros 3. Tú 4. Tú 5. Ustedes 6. Usted 7. Ustedes 8. Vosotros

A 1. Apellido: Vigny Nacionalidad: francés Profesión: camarero 2. Nacionalidad: estadounidense Edad: veintiuno Profesión: estudiante 3. Nombre: Raimundo Nacionalidad: brasileño Edad: treinta y dos 4. Nombre: Yuri Nacionalidad: coreana Edad: veinticuatro

B 1. el nombre 2. el apellido 3. la profesión 4. el nombre 5. la nacionalidad 6. la profesión 7. la nacionalidad 8. la edad 9. el domicilio 10. la profesión 11. las aficiones 12. el cumpleaños 13. los idiomas 14. el teléfono

D 1. En el quince. 2. Ramos Encantado. 3. En Sevilla. 4. Calle Las Flores, Número cuarto, primero A. 5. Vive en Valladolid. 6. Ramírez 7. En el tercero. 8. Cuatro uno cero cero uno. 9. En la Avenida Alvareda. 10. Eva García. 11. Spanish arroba clic punto es. 12. El día trece de octubre.

F 1. d 2. a 3. b 4. f 5. e 6. c

G 1. primo 2. cuñada 3. hermano 4. abuelos 5. tío 6. sobrinas 7. suegros 8. tía 9. padres 10. nuera

H 1. Falso 2. Falso 3. Verdadero 4. Verdadero 5. Falso 6. Falso 7. Falso 8. Falso 9. Falso 10. Falso

A • Positivo: responsable, tranquilo, paciente, inteligente, divertido, generoso, organizado, puntual, abierto, simpático, cariñoso, educado, alegre, sociable, bromista, trabajador, hablador, valiente, altruista.

• Negativo: antipático, irresponsable, raro, despistado, aburrido, egoísta, perezoso, impaciente, desorganizado, tímido, conservador, miedoso, impuntual, nervioso, imprudente, callado, travieso, envidioso, mentiroso, tacaño, serio.

C 1. Simpática, graciosa, no orgullosa, no egoísta, nerviosa, tranquila. 2. Inteligente, trabajadora, tímida, habladora, sociable, educada. 3. Buena, cariñosa, vaga, desordenada. 4. Habladora, desordenada, traviesa, egoísta 4. Mentirosa, aburrida, tonta.

H 1. Tengo miedo. 2. Estoy nervioso/a. 3. Estoy contento/a(alegre). 4. Estoy preocupado/a. 5. Estoy enamorado/a. 6. Tengo calor. 7. Tengo hambre. 8. Estoy cansado/a. 9. Tengo frío. 10. Estoy enfadado/a. 11. Tengo prisa. 12. Estoy preocupado/a.

4과 — Capítulo 4

A 1. c 2. f 3. h 4. a 5. b 6. e 7. d 8. g

B 1. d 2. c 3. b 4. a

C • Felipe: una chaqueta/unos pantalones/unos zapatos/un sombrero/un jersey
• Saúl: una gorra/una camiseta/unos pantalones/unas deportivas/unas gafas de sol
• Lucía: unas sandalias/un reloj/un vestido/un bolso
• Rebeca: una chaqueta/una blusa/unas botas/un sombrero/unas gafas de sol/una falda/unas medias

D 1. b 2. d 3. a 4. c

E • Rafael: Es alto y delgado. Tiene bigote y barba. Es rubio. Tiene el pelo corto y rizado. Tiene los ojos azules.
• Cecilia: Es baja y delgada. Lleva gafas. Es morena. Tiene el pelo largo y rizado. Tiene los ojos marrones.
• Ángel: Es alto y gordo. Tiene barba. Lleva gafas. Es moreno. Tiene el pelo corto y liso. Tiene los ojos negros.
• Verónica: Es baja y gorda. Es rubia. Tiene el pelo largo y liso. Tiene los ojos verdes.

F B – Felipe F – Juan H – Rosa I – Pedro J – Aurora K – Isabel

G 1. Primo 2. Hermana 3. Tía 4. Vecino 5. Jefa 6. Compañero de trabajo

5과 — Capítulo 5

A enero, febrero, marzo, abril, mayo, junio, julio, agosto, septiembre, octubre, noviembre, diciembre

	Actividades culturales y deportivas		Actividades que realizan en casa	
	sábado	domingo	sábado	domingo
José	Por la noche va al cine con sus amigos.	Juega al fútbol y nada en la piscina.	Se ducha, se va a la compra. Hace la limpieza. Estudia un rato.	Se echa la siesta y ve la tele.
	sábado	domingo	sábado	domingo
María	Sale a correr. Va al teatro con su novio. Por la noche va a la discoteca.	Va a ver alguna exposición. Va a la playa. Juega al vóley playa y toma el sol.	Va a la compra. Cocina.	Cena con sus padres y descansa.

L 5 – 4 – 6 – 3 – 2 – 1 – 7

6과 Capítulo 6

E 1. Verdadero 2. Falso 3. Falso 4. Falso 5. Falso 6. Verdadero

G

	le encanta/n	le gusta/n mucho	le gusta/n	no le gusta/n nada	odia
1	escuchar música	las novelas policíacas	leer	los libros de amor	los libros de historia
2	salir de noche con sus amigos	los deportes/ pasear por la ciudad	jugar al baloncesto	ir de compras/ fumar	el humo de tabaco

E 1. El deporte/La naturalieza/La ciencia 2. El medio ambiente/La investigación genética
3. Tener un trabajo interesante/Viajar por todo el mundo/Vivir en otro país

K • Verduras: calabacín, lechugas, coliflor, cebollas, pimiento, ajos
• Frutas: fresas, uvas, naranjas, peras, manzanas, plátanos
• Carne: cordero, ternera, pollo, chuletas de cerdo, chorizo, jamón
• Pescados y mariscos: atún, sardinas, gambas, mejillones, merluza

- Productos lácteos: queso, yogur, leche

L • Primeros: Gazpacho, Sopa de marisco, Ensalada de verduras, Macarrones
- Segundos: Lentejas, Paella, Sardinas a la plancha, Merluza a la romana, Tortilla de patatas, Arroz a la cubana, Bistec con patatas, Cocido madrileño, Calamares a la romana, Pulpo a la gallega
- Postres: Arroz con leche, Yogur, Fruta del tiempo, Flan

M

	David	Verónica
De primero	guisantes con jamón	ensalada mixta
De segundo	escalope con patatas	trucha con jamón
¿Necesitan algo más?	pan	servilletas
De postre	arroz con leche	fruta del tiempo
Para beber	vino tinto, agua	vino tinto

O • Origen: Madrid • Destino: Barcelona • Precio: 10,50 euros • Fecha de salida: 15 de agosto • Tipo de Billete: Ida y vuelta

<table>
<tr><td>7과</td><td>Capítulo 7</td></tr>
</table>

C 1. Falso 2. Falso 3. Verdadero 4. Falso 5. Verdadero 6. Verdadero 7. Verdadero 8. Falso

D Diálogo 1: 그림 2 Diálogo 2: 그림 4 Diálogo 3: 그림 1 Diálogo 4: 그림 3

<table>
<tr><td>8과</td><td>Capítulo 8</td></tr>
</table>

A 1. Es nuevo, moderno y muy bonito. 2. Tiene dos habitaciones. 3. Es exterior. 4. No es tranquilo porque da a una calle peatonal. 5. Tiene ascensor y garaje. 6. No, está muy cerca del trabajo. 7. Sí, es barato. Cuesta quinientos cincuenta euros al mes.

D • salón: sofá, alfombra, sillón
- dormitorio: cama, mesilla de noche, almohada, cómoda, armario
- baño: lavabo, bañera, váter, espejo, ducha
- cocina: lavadora, frigorífico, horno, lavavajillas, fregadero, cocina eléctrica, mesa, silla

• estudio: escritorio, estantería

E La cama/El váter/La lavadora/El salón/El dormitorio

G Ana • Lugar favorito: el salón • Actividades: ve la tele, lee, toca el piano, pasa mucho tiempo con su familia. • Mueble favorito: el escritorio

Pepe • Lugar favorito: el dormitorio • Actividades: lee, ve la tele, navega por Internet, duerme en su cama • Mueble favorito: la cama

Fiona • Lugar favorito: la terraza • Actividades: cuida sus plantas, hace fiestas con sus amigos • Mueble favorito: la butaca

Jorge • Lugar favorito: la cocina • Actividades: cocina, cena con su familia • Mueble favorito: el sofá del salón

Nota Cultural

: cama, ventana, cómoda, armario, cuadro, espejo, almohada

<table>
<tr><td>9과</td><td>Capítulo 9</td></tr>
</table>

A 2. Le duelen los pies. 3. Le duelen los brazos. 4. Le duelen las piernas. 5. Le duelen los ojos. 6. Le duele el estómago. 7. Le duelen los dedos. 8. Le duelen las muelas.

B • Me duele la nariz/la espalda/el cuello/el estómago.
• Me duelen las piernas/los brazos/los dedos.

C 1. d 2. e 3. a 4. b 5. f 6. c

D • Le duele la cabeza/el estómago/la espalda.
• Le duelen las muelas/los pies/los oídos.
• Tiene dolor de cabeza/muelas/pies/estómago/espalda/oídos.
• Tiene tos/fiebre/náuseas/diarrea.
• Está mareado/resfriado/enfermo/pálido.

F 1. tos 2. mareada 3. los pies 4. la cabeza 5. el estómago

<table>
<tr><td>10과</td><td>Capítulo 10</td></tr>
</table>

C Diálogo 1 – a (En una tienda de ropa) Diálogo 2 – b (En un quiosco) Diálogo 3 – c (En un mercado) Diálogo 4 – d (En una perfumería)

	¿Dónde están?	¿Qué quieren comprar?	¿Cuánto cuesta?
Diálogo 1	En una tienda de ropa	Una falda	Treinta y cinco euros
Diálogo 2	En un quiosco	Un bonobús y un mechero	Seis euros con cincuenta
Diálogo 3	En un mercado	Las manzanas y las naranjas	Tres euros con cincuenta
Diálogo 4	En una perfumería	un gel de baño	

E 1. e 2. b 3. a 4. f 5. c 6. d

G 1. película 2. helado 3. aspirinas 4. sellos 5. abrigo 6. cámara de video 7. tarta 8. gafas de sol 9. colonia 10. CD 11. agua 12. deberes

H • este melón/estas manzanas • aquella falda/aquellos plátanos • esos zapatos/esas bragas • esa toalla/esos calzoncillos • aquellos vaqueros/aquella camiseta • este vestido/estas botas

11과   Capítulo 11

A 1. Falso 2. Verdadero 3. Falso 4. Falso 5. Verdadero 6. Falso 7. Verdadero

C 1. sigue lloviendo 2. hace mucho calor/son de 35 grados 3. nubes/despejado 4. inestable/30 grados 5. muy constantes

D La madre está comprando la comida./El padre está comprando los refrescos./El abuelo está cortando flores./La abuela está preparando la tarta./El hijo está poniendo la mesa./La hija está desayunando.

12과   Capítulo 12

A • Pablo va a trabajar y va a ir a una fiesta.
• Nuria va a ir a su pueblo y va a bailar toda la noche.

C 1. No puede porque tiene que cenar con Mónica.
2. No puede porque tiene que jugar al fútbol.
3. No puede porque tiene que ir de tapas con Andrés.
4. No puede porque tiene que ir a clase de español.
5. No puede porque tiene que ir al teatro.

13과   Capítulo 13

B 1. Sí, ya he comido/No, todavía no he comido. 2. Sí, ya la he visto/No, todavía no la he visto. 3. Sí, ya lo he visitado/No, todavía no lo he visitado. 4. Sí, ya la he visto/No, todavía no la he visto. 5. Sí, ya he visto uno/No, todavía no he visto ninguno. 6. Sí, ya lo he probado/No, todavía no lo he probado. 7. Sí, ya he escuchado/No, todavía no he escuchado. 8. Sí, ya he ido a Sevilla/No, todavía no he ido a Sevilla. 9. Sí, ya la he visto/No, todavía no la he visto. 10. Sí, ya lo he leído/No, todavía no lo he leído.

G Diálogo 1: Estas Navidades lo ha pasado de maravilla. Ha sido muy divertido.
Diálogo 2: Lo ha pasado fatal en el concierto.
Diálogo 3: Lo han pasado bomba en las vacaciones.
Diálogo 4: Hoy ha sido un desastre.
Diálogo 5: Este fin de semana ha sido muy aburrido.

I

Cosas que han hecho	Pareja 1	Pareja 2	Pareja 3
1. Han comido muy bien.	✓		✓
2. Han visitado el museo.	✓	✓	
3. Han sacado muchas fotos.	✓		
4. Han visto un partido de baloncesto.		✓	
5. Han alquilado un coche.		✓	
6. Han estado en las cataratas de Iguazú			✓
7. Han salido por la noche.			✓
8. Han ido de compras.			✓
9. Han ido al teatro.		✓	✓

J 1. d 2. c 3. b 4. a

K 1. Las ha colgado en la camisa. 2. La ha metido en la mochila. 3. Los ha dejado encima de la cama. 4. Lo ha metido en la mochila. 5. Se la ha puesto él. 6. Lo ha metido en el cajón. 7. La ha metido en la cartera. 8. La ha dejado debajo de la cama. 9. Lo ha metido dentro del bolsillo. 10. La ha puesto encima del escritorio.

L La cartera la ha puesto en su mochila./Los libros los ha dejado en la mesa./El diccionario se lo ha prestado a Juanita./La cazadora se la ha llevado su padre a la tintorería./Las gafas las ha dejado encima de la cama.

I 1-b 2-c 3-d 4-a / 1-b 2-c 3-d 4-a / 1-a 2-b 3-b 4-a

J

¿De qué está hablando?		¿Su opinión?
1. Mar	La novia de Juan	Le pareció muy simpática y maja. Le cayó muy bien.
2. Barquito	Un restaurante	Le pareció muy agradable. Le encantó. No le pareció caro.
3. Tenerife	Una isla	Le pareció una isla preciosa.
4. Scarlatti	Un concierto de música clásica	Le pareció un poco aburrido.
5. Todo sobre mi madre	Una película	Le pareció muy trágica. Le emocionó mucho.

K

¿Qué hizo Verónica?	¿Cuándo?
1. Montó a caballo.	El domingo pasado.
2. Conoció a su novio Quique.	En septiembre de 2001.
3. Se encontró un collar en la calle.	Hace dos años.
4. Suspendió el examen de conducir.	El año pasado.

A a - 3 b - 1 c - 2

F

	Los viajes que hacía antes	Los viajes que hace ahora
restaurantes	Comía en restaurantes caros.	Come en sitios baratos.
hospedaje	Iba a hoteles estupendos.	Duerme en hostales o albergues. A veces hace el camping.
transportes	Se movía en coche o en taxi.	Va a los sitios caminando. Se mueve en autobús.

<table>
<tr><td style="background:#3a3a3a;color:white">**16과**</td><td style="background:#e8501e;color:white">Capítulo 16</td></tr>
</table>

Ⓐ 1. La madre 2. La profesora 3. La prima 4. La prima 5. La madre 6. La profesora 7. La prima 8. La prima 9. La profesora 10. La prima 11. La madre 12. La profesora

Ⓑ a - 3 b - 1 c - 4 d - 2

Ⓕ 1. c 2. a 3. e 4. d 5. b 6. f 7. g

Ⓖ 1. Verdadero 2. Falso 3. Verdadero 4. Verdadero 5. Falso 6. Falso 7. Verdadero 8. Falso

Ⓘ • Marta: Terminar el instituto → Hacer un curso de fotografía → Practicar y ganar experiencia → Hacer una exposición → Conseguir un trabajo de una revista
• Ana : Tener una consulta → Aprobar los exámenes → Acabar la carrera → Salir de la facultad → Empezar a trabajar
• Pepe: Hacer unas pruebas físicas → Hacer un curso → Obtener el certificado de aptitud → Aprobar un examen de ingreso → Empezar el período de prácticas

Ⓙ • Roberto le da unos libros a doña Rosa para que no se aburra.
• Se queda con doña Rosa para que no esté sola.
• Doña Rosa le da una carta a Roberto para que la eche al buzón.
• Roberto va a llamar al doctor para que le ponga una inyección.
• Doña Rosa le da bombones a Roberto para que los pruebe.
• Roberto pone la tele para que Doña Rosa pueda ver la telenovela.

<table>
<tr><td style="background:#3a3a3a;color:white">**17과**</td><td style="background:#e8501e;color:white">Capítulo 17</td></tr>
</table>

Ⓐ a –3 (Marta) b –1(Ana) c –2 (Fiona)

Ⓑ 8 – 9 – 6 – 1 – 10 – 5 – 4 – 3 – 2 – 11 – 7

Ⓓ 1. Matilde 2. Rubén 3. Matilde 4. Rubén 5. Matilde 6. Rubén 7. Matilde 8. Rubén y Matilde